MONIKA MURPHY-WITT
PETRA STAMER-BRANDT

Was Kinder für die Zukunft brauchen

Die 8 Schlüsselqualifikationen – und wie Sie Ihr Kind darin fit machen

Inhalt

Zukunftswissen: Die 8 Schlüsselqualifikationen für morgen

So wird Ihr Kind fit für die Zukunft

Zum Nachschlagen

» Die **Zukunft** hat viele Namen. Für die Schwachen ist sie das **Unerreichbare**. Für die Furchtsamen ist sie das **Unbekannte**. Für die Tapferen ist sie die **Chance**. «

[Victor Hugo | *französischer Dichter*]

Vorwort

Vorwort

Wie werden unsere Kinder leben, wenn sie erwachsen sind? Was müssen wir ihnen auf den Abenteuertrip in eine ungewisse Zukunft mitgeben, damit sie glücklich, erfolgreich und zufrieden werden? Fragen, die Sie sich als Eltern sicher auch schon gestellt haben.

Patentrezepte dafür gibt es nicht. Sicher ist nur: Unsere Kinder werden Basics wie Bildung, Stärke, Selbstbewusstsein sowie eine fortschrittliche Lebenseinstellung brauchen. Und Schlüsselqualifikationen, die ihnen Türen auf ihrem persönlichen Weg öffnen.

Welche Fähigkeiten das sind, verraten wir Ihnen. Und wir zeigen Ihnen auch, wie Sie diese gezielt fördern können. Wir wünschen Ihnen viel Erfolg und Spaß dabei!

Monika Murphy-Witt

Petra Stamer-Brandt

1 Zukunfts-kinder

[von Matthias Horx]

→ Mit Kindern reden: Das ist manchmal nervig, oft witzig, nicht selten hoch philosophisch... Auch Matthias Horx, Zukunftsforscher und Trendexperte, führt solche Gespräche mit seinen Söhnen. Einiges davon lesen Sie auf den folgenden Seiten. Vor allem aber erfahren Sie, welche Eigenschaften der Zukunftsforscher und Vater für besonders wichtig hält, damit unsere Kinder in der Welt von morgen bestehen und glücklich leben können.

1

Zukunft – was ist das?

»Papa, kann man die Zukunft erforschen?«

»Das kann man. Wir leben davon, dass dein Vater genau dies tut und damit Geld verdient.« Mein zehnjähriger Sohn überlegt kurz – und fragt: »Wenn du die Zukunft erforschen kannst, kannst du mir dann auch die Ergebnisse der Mathearbeit am Montag verraten?«

Jetzt muss ich einen Moment nachdenken. Dann sage ich: »Kann ich nicht. Die Ergebnisse sind ja längst festgelegt. Sie liegen in der Schule in einem Schrank. Das hat also mit Zukunft gar nichts zu tun. Außerdem will der Mathelehrer nicht nur die Ergebnisse, er will wissen, WIE DU ZU DEM ERGEBNIS KOMMST …«

»Dann könnte ich ja nachts in der Schule einbrechen und sie mir holen«, sagt mein hoffnungsvoller Sohn und bohrt sich unschuldig in der sommersprossigen Nase. »Das könntest du vielleicht«, sage ich, »aber ich kann dir prophezeien, dass du dabei erwischt wirst und ins Gefängnis kommst. Umgekehrt kann ich voraussagen, dass du eine klasse Mathearbeit schreibst, wenn du am Wochenende noch mal übst. Und dass du dann eine kleine Belohnung bekommst.«

In seinem Hirn organisieren sich gerade Millionen von Neuronenströmen neu, bereit, sich zu einem neuen Muster zu verbinden. »Lernen«, nennt man diesen Prozess. Ich weiß, dass ich den nicht wirklich steuern kann. Nur ein bisschen beeinflussen. Immerhin. »Also gut«, sagt er dann, »was ist die Belohnung?«

»Eine Tapferkeitsmedaille am goldenen Band. Einmal McDonalds … und deine Zukunft.« »Och«, sagt er, »bloß?«

Was Eltern ihren Kindern für die Zukunft mitgeben sollen, ist nicht erst seit heute ein existenzielles Problem: Zu allen Zeiten wünschten Eltern ihren Kindern das Beste, hofften, dass es ihnen einmal »besser gehen« würde als ihnen selbst. Warum ist es heute so besonders schwierig?

1 In Sachen Erziehung geht es uns wie mit den garantierten Diäten zum Abnehmen in 30 Tagen: Alles leuchtet ein – aber das genaue Gegenteil auch.

2 Kinder sind heute multipolaren Einflüssen ausgesetzt, die den bescheidenen Einflüssen der Eltern massiv Konkurrenz machen. Freundescliquen, Medien, Computer, Moden, Marken: Da scheint am Ende für Eltern nur noch eine eher servicehafte Funktion zu bleiben.

3 Während frühere Elterngenerationen realistisch davon ausgehen konnten, dass es ihren Kindern TATSÄCHLICH besser gehen würde als ihnen – die allmähliche Steigerung des Wohlstandes trug diese Gewissheit –, dreht sich diese Perspektive heute nach und nach um. Wir ahnen, dass unsere Kinder in eine Welt hineinwachsen, in der die Grundkategorien unserer Lebenskultur – Beruf, Wissen, Erfolg, Lernen, Alter, Ehe und Familie – sehr viel anders aussehen werden als bisher.

Kinder brauchen Weltvertrauen

Der Grund für diese neue Art der Zukunft ist ein großer epochaler Übergang, eine historische Turbulenz, in die unsere Gesellschaft unaufhörlich hineindriftet. Der Übergang vom Industriezeitalter in die Ökonomie des Wissens! Das Stichwort heißt: ENT-BINDUNG. Wir kommen aus einer Kultur der Kontinuität, in der wir in Traditionen, Schichten, Laufbahnen, Abhängigkeiten, Sicherheitssystemen gebunden, aber auch GE-HALTEN waren. Wir, vor allem aber unsere Kinder, gehen nun in eine riskantere, individuellere, vielfältigere Welt, in der die Spiele des Lebens nach komplexeren Regeln gespielt werden.

Das Problem ist vor allem, dass dieser Wandel uns selbst, den Erwachsenen, so viel **ANGST** macht. Aber wer Angst hat, ist ein schlechter Ratgeber. Um unsere Kinder »future-fit« zu machen, müssen wir also das Storyboard der Zukunft zunächst **SELBST** etwas entziffern. Dabei müssen wir viele alte Gewissheiten überprüfen – und womöglich revidieren. Gerade das macht diese Reise so überaus lohnend!

Muss Zukunft Angst machen?

Vor wenigen Monaten kam mein Ältester aus der Schule, schmiss den Ranzen in die Ecke und sagte: »Die Welt ist total kaputt, Papa! Die Welt wird nicht mehr lange da sein.« Er zeigte mir sein Schulheft, darin eingeklebt waren Bilder aus Illustrierten: tote Bäume, Kinder mit Hungerbäuchen, Atombombenexplosionen, Panzer im Gazastreifen, alles zusammenhanglos zu einer Collage des Schreckens verarbeitet. Eine Referendariatsarbeit in einer Freistunde. Dazu Sätze in großer kindlicher Handschrift:

DER MENSCH ZERSTÖRT DIE NATUR
DER MENSCH BEUTET ANDERE MENSCHEN AUS
IMMER MEHR DER NATÜRLICHEN ERDE WIRD VERNICHTET

Ich atmete tief durch. Ich gehöre zu einer Generation, die Sozialkritik in ihrer Jugend sozusagen mit der Atemluft aufgesogen hat, und denke also: Warum nicht eine ordentliche Dosis kritisches Bewusstsein?

Als Zukunftsforscher und Vater allerdings schrillen bei mir sämtliche Alarmglocken. Denn ich weiß: Mein Sohn ist soeben ein Opfer des **HYSTERISCHEN ZUKUNFTSANGST-SYNDROMS** geworden.

Es ist eine seltsame Melange aus medialer Hysterie, Schuldgefühlen und Naturromantik, vermischt mit antikapitalistischen Ideologie-Resten und/oder einem konservativ-kulturpessimistischen Menschenbild (»Der Mensch ist unfähig zu vernünftigem Handeln«). Mit diesem Grundgefühl gibt es eigentlich keine guten Nachrichten – schon gar nicht über die Zukunft. Alles ist DÜSTER. Alles ist bedrohlich. Und immer war früher »IRGENDWIE« alles besser.

Es ist schwer, mit nüchterner Vernunft gegen dieses Syndrom anzugehen. Dass die Flüsse heute sauberer sind als in den 60er Jahren, der Wald in Europa in den letzten Jahrzehnten kräftig zugelegt hat, die Wale sich erholen, dass die Geburtenrate auch in den Entwicklungsländern massiv gefallen ist – welche Zeitung schreibt das? Dass die Zahl der Opfer von Kriegen in den letzten Jahrzehnten nicht zu-, sondern abgenommen hat, dass der Hunger auf der Welt langsam, aber sicher zurückgeht – wer würde wagen, so etwas öffentlich auszusprechen und sich damit den Vorwurf der Verharmlosung einzuhandeln?

In einem deutschlandweiten Kinder-Malwettbewerb über die Zukunft, in dem ich in der Jury saß, konnte man das Resultat live besichtigen. Auf mehr als der Hälfte der Bilder, die 8- bis 14-jährige Kinder von Flensburg bis Garmisch gemalt hatten, waren ausschließlich tote Wälder, Kriegswüsten und sonstige Vernichtungsszenarien zu sehen. Der amerikanische Kinderpsychologe Rafael P. Seligman hat in seinen Büchern geschildert, wie Eltern ihre auf Umweltthemen verlagerten LEBENSÄNGSTE auf Kinder übertragen – bei denen sie zu chronischen Depressionen werden können. Eine Gesellschaft aber, die ihre Kinder in der Erwartung auf den Untergang erzieht, versündigt sich an ihnen. Und wir Eltern müssen diesem Grundgefühl etwas entgegensetzen. Keinen blauäugigen Optimismus. Keine Zukunftspropaganda. Aber das VERTRAUEN in die Zukunft, in ihre Möglichkeiten, in die CHANCEN des Handelns und Veränderns. Das ist das Mindeste. Andernfalls gibt es sowieso für uns alle keine Zukunft.

Die neue Weisheit: Weltwissen

In meiner Kindheit gab es ein großes, dunkles Unwissen. Die Welt war voller süßer Geheimnisse – und voller tiefer Verunsicherungen. Wir wussten einfach nicht, wie alles zusammenhing. Warum hortete Papa

Zusammenhänge aufspüren

Das Einordnen der Dinge, das selbstbestimmte, tastende Erzeugen eines Sinnzusammenhangs – Psychologen nennen dies »Kohärenzgefühl«. Es wird zum lebenswichtigen Fundament des Ichs – in einer unruhigeren Welt, die eher von Wandel als von Beständigkeit geprägt sein wird. Sich mutig vorantasten ins grenzenlose Universum der Möglichkeiten, die die Zukunft mit sich bringt. Die richtigen Fragen stellen, statt immer schon die gültigen Antworten zu haben. Unschärfen aushalten. Kinder brauchen in Zukunft vor allem die Fähigkeit zur »Sinnproduktion«.

plötzlich Bohnen im Keller (es war die Zeit der Kubakrise)? **WARUM POCHTE MEIN HERZ?** Wieso schlug der merkwürdige Nachbar seine Kinder, warum lallte er dabei immer so schrecklich? Warum sagten Mama und Papa kein Wort, sondern starrten sich nur an?

Nein, darüber wurde nicht geredet. Es wurde überhaupt nicht viel geredet. Es gab jede Menge unsichtbarer Grenzen.

Ich war fast 15, als ich in einer Pension im Sauerland durch die Holzdielen unseres Pensionszimmers in der Nacht eine grölende Erwachsenenrunde beim Erzählen schweinischer Witze belauschte. Als meine Großmutter (mit der ich die Ferien dort verbrachte) leicht angeheitert ins Zimmer kam, fragte ich sie, wie das mit dem Sex geht. Ich wusste wirklich nichts davon. Null. Sie erzählte es mir beinhart und geradeheraus. Das war meine Aufklärung. Es war unglaublich peinlich, mit 15 von der eigenen Großmutter aufgeklärt zu werden. Aber so war es, und sie war eine tapfere Frau.

»Papa, wie viel Prozent aller Männer sind schwul?« fragt mich mein Zehnjähriger. Er hat gerade Prozentrechnen gelernt, das will er mir vorführen. Keine Ahnung, woher er das mit dem Schwulsein hat. Von mir jedenfalls nicht. Ich wüsste das, denn ich versuche, mir jeden Abend zwanzig Minuten Zeit für ein Abendgespräch mit meinen Kindern zu nehmen. **»WELTREDEN«** nennen wir das, und es hat sich zu einem festen Ritual entwickelt. Dabei bestimmen sie, was Thema ist. Ihre Lieblingsthemen sind Schmerz, Krieg, Tod, Streit, Sex. Beim Kleineren derzeit Tiere, Nacht, Räuber, Geschenke, Süßigkeiten. Und »Ungerechtsein«. **»PAPA, WAS IST DER SINN DES LEBENS?«** fragte mein Zehnjähriger.

»Vielleicht: zuerst einmal rausfinden, was man besonders gut kann. Und dann etwas ganz Besonderes vollbringen. Als Künstler. Oder Techniker. Oder als Forscher. Und so den anderen Menschen auch etwas ganz Besonderes geben.«

Selbstlernen und Selbst-Bewusstsein

1

Es ist leicht, in einem solchen Szenario unsere Kinder zu bedauern, die schließlich in eine Berufswelt eintreten müssen, in der sie sich mit »drifting jobs« und viel mehr Lebensunsicherheiten als wir Eltern herumplagen müssen. Sie werden vermutlich drei, vier, fünf Berufslaufbahnen im Leben durchschreiten. Und sie werden in einer neuen »**KULTUR DER SELBSTSTÄNDIGKEIT**« eine ganz andere Flexibilität zeigen müssen. Sie werden womöglich ihre Berufe und Arbeitsplätze selbst erfinden müssen. Wie schrecklich! Wirklich schrecklich? Vielleicht sind unsere Kids schon heute viel besser darauf vorbereitet, als wir denken.

»Die Zukunft verlangt nicht Millionen von Leuten, die bereit sind, monoton-mechanische Tätigkeiten auszuführen, sondern solche, die in der Lage sind, ihren Weg in einer neuartigen Umwelt zu finden.«

[Alvin Toffler | *Zukunftsforscher*]

VON DER LAUF-BAHN ZUM WERDE-GANG. So könnte man den großen Paradigmenwechsel umschreiben, der sich nicht nur in unserer Arbeitswelt, sondern im gesamten Menschenbild abzuspielen beginnt. Das Leben ist nach vorn und zu den Seiten hin offen. Es bietet Überraschungen, attraktive Wunder der Selbstveränderung. Nein, unsere Kids werden nicht mehr »aus-gebildet« sein. Sie werden ihr Leben lang weiter lernen. Und wenn alles gut geht, werden wir ihnen im Kosmos des Lernens immer wieder begegnen. Etwa, wenn wir als 70-Jährige aus Spaß wieder an der Universität immatrikuliert sind!

Wir schreiben das Jahr 2020…

… und werfen einen Panorama-Blick auf die Welt der Arbeit. Nur noch zehn Prozent aller Erwerbstätigen sind Fabrikarbeiter – fast alle Tätigkeiten in den Fabriken sind automatisiert. Auch in vielen klassischen Angestelltenjobs, die heute noch das Rückgrat unserer Arbeitswelt bilden – Sachbearbeiter, Buchhalter, Verkaufsleiter –, ist kein Stein auf dem anderen geblieben: Viele dieser Jobs existieren einfach nicht mehr, viele haben sich in komplexeren Funktionen und ganz neuen Berufsbildern aufgelöst. Ein Arbeitnehmer bleibt etwa vier Jahre bei ein und demselben Unternehmen – die meisten Arbeitsverträge werden nur noch über eine so genannte »Projektspanne« abgeschlossen. Aber was heißt schon »Arbeitnehmer«? Dieser Begriff ist seltsam altmodisch geworden, seit sich der Anteil der »Neuen Agenten« und »Nomadic Workers« auf 30 Prozent aller Erwerbstätigen erhöht hat. Arbeitszeiten sind nun frei verhandelbar, von 1 bis 60 Stunden die Woche. 30 Prozent aller Erwerbstätigen haben ihren Haupt-Arbeitsplatz zu Hause, und in Rente will eigentlich keiner mehr so richtig. »Mit 60 werden wir erst richtig gut«, lautet die Devise einer postindustriellen Gesellschaft, in der Arbeit immer weniger monoton, langweilig und körperlich ermüdend geworden ist…

Kernfrage ist das sich wandelnde Menschenbild.

Zur industriellen »Maloche« passt das »Büffeln« oder »Pauken«, das unsere Schulkultur bis heute prägt. Lernen in der industriellen Welt hieß ja vor allem Kulturtechniken zu adaptieren, die auf Disziplinierung zielten. **DISZIPLIN**, weil für die arbeitsteiligen Prozesse der Industriegesellschaft hauptsächlich Menschen nötig waren, die in Fabriken und Büros mit ständiger Ausdauer und stetem Fleiß arbeiten konnten. Deshalb sind auch heute noch unsere Schulen davon geprägt, dass 30 hibbelige Jugendliche frontal vor dem Lehrer sitzen müssen. Lernziel **STILLSITZEN** und zuhören.

Wer auch nur die geringste Ahnung von Kindern, ja von Menschen hat, weiß, dass dies im Grunde eine Szene aus einem absurden Theater ist. Wir alle – Kinder wie Erwachsene – lernen mit dem Körper, in Bewegung, im Tun. Unser Gehirn ist so gebaut, dass es am besten adaptiert, wenn wir erforschen, probieren, fragen, experimentieren, gemeinsam etwas verändern können. Und wir lernen am besten in einer »Kultur der Anerkennung«:

- → Anerkannt wird, dass der Einzelne kostbare, spezifische Fähigkeiten hat, die **INDIVIDUELL** zu erkennen und zu fördern sind.
- → Anerkannt wird, dass es keine allgemeine Wahrheit gibt, dass Lernen also immer auch ein Akt der **VERSTÄNDIGUNG** über ein Thema ist.
- → Anerkannt wird, dass auch Lehrende Lernende sind – ein »Learning by doing«, bei dem Lehrer zu Moderatoren werden.

In vielen angelsächsischen Ländern, in Skandinavien, aber auch in einigen mutigen deutschsprachigen Schulen, bildet diese **KULTUR DER ANERKENNUNG** bereits das gelebte Zentrum der Schulkultur. Der frontale Unterricht wird aufgebrochen zugunsten aktiver Gruppenprozesse. Drama, Rhetorik, Experiment, Inszenierung beherrschen die Formensprache der selbstaktiven Pädagogik. Natürlich gibt es ein »Set« von Grund-Techniken wie Lesen, Schreiben, Rechnen, die jeder beherrschen muss. Aber es geht nun nicht mehr um das Bewerten von Fehlern (was ja die heutige Basis unseres Leistungsbegriffs ist). Sondern um die **ENTFALTUNG DES EIGENEN**. Des eigenen Weges. Des eigenen Zugangs zu einem Problem.

Ich habe die Segnungen dieses anderen Lernens bei meinem Jüngsten einige Jahre genießen dürfen. In der privaten deutsch-englischen Vorschule meines damals 5-Jährigen lernten die Kinder ohne Hektik Buchstaben erkennen, aber auch Dinge wie »Balance«, »Zuhören«,

»Stille«. Im Mittelpunkt stand Miss S., eine resolute Engländerin mit leuchtenden Augen. Sie hat es geschafft, meinem etwas unsicheren Junior innerhalb eines halben Jahres

1. Schlittschuhlaufen
2. fast das komplette Alphabet und
3. ein gehöriges Maß an Selbstbewusstsein beizubringen.

Beim Abschluss wurde jedem Kind ein vollkommen individuelles »Meisterzeugnis« verliehen. Dieses wies meinen Junior als den »SUPERCHAMP DES KREATIVEN UND PHANTASIEVOLLEN BASTELNS« aus. Ja, genau: Das kann er wie kein anderer!

Sei Du selbst. Lerne Dich und andere kennen. Da ist sie, die zentrale, die essenzielle Zukunftsbotschaft. Wie verklemmt, wie traurig, wie KLEIN waren die meisten von uns, als wir unsere Jugend beendeten! Und wie zukunftsschwanger formulierte es Miss S., unsere HELDIN DES NEUEN LERNENS, in ihrem letzten Weihnachtsbrief an uns Eltern: »Wir beobachten die Kinder, wie sie ihr Selbstbewusstsein aufbauen und Widerstände überwinden. Wir sind Zeuge, wie jedes Kind seine ganz eigenen Talente, seine Persönlichkeit entwickelt. Wir freuen uns mit ihnen, wenn sie Erfolge erzielen. Es ist eine so große Ehre für uns, Zeuge dieses Prozesses zu sein. Wir sind so stolz auf sie!«

Selbstwissen und Selbstkompetenz

Im Jahr 2020 hat sich das klassische Familienmodell faktisch aufgelöst. Die LEBENSMODELLE sind extrem different. Patchwork-Familien, Ehen mit und ohne Trauschein, frühe Kinder mit 18 und späte Kinder mit 45, gleichgeschlechtliche Ehepaare mit Kindern, Reproduktionsfamilien, die die ganze Palette der neuen In-vitro-Möglichkeiten ausprobieren…

ALLES IST MÖGLICH. In der Beziehungskultur zwischen Mann und Frau hat sich das Modell der »Phasenverträge« auf breiter Front durchgesetzt. Man vereinbart sich, oft auch in Form eines schriftlichen Vertrages, auf einen bestimmten Lebensabschnitt. Darin werden bestimmte Rechte und Pflichten festgelegt. Zum Beispiel die ökonomischen Ansprüche der Partner aneinander, Treue und Sexualitätsvereinbarungen. In den verschiedenen Phasen des Lebens werden diese Verträge erneuert. Dann kommt es zu einem »Wiederverlieben«, einem »RE-MARRIAGE« für die nächsten fünf bis zehn Jahre. Oder einer »Totalrevision«, nämlich der Trennung.

Wir wissen, dass es so kommen wird. Weil es heute schon so ist. Auch wenn wir es gern mit den wolkigen Wunschbildern der romantischen Liebe zukleistern: Zwischen Mann und Frau spielt sich heute ein komplexes, lebenslanges VERHANDLUNGS-SPIEL ab, das à la longue zu zyklischen Partnerschaftsmodellen führt. Der »Lebensabschnittspartner« mag als eine leicht zynisch gefärbte Wendung anmuten: In der sozialen Realität sehen wir jedoch, wie Menschen sich für eine bestimmte Phase ihres Lebens zusammentun – und dann entweder an den Übergängen in die nächste Phase scheitern oder daran wachsen. Wir spüren, wie die alten Mann-Frau-Rollen rapide zerfallen. Wir sehen, wie Kriterien eskalieren, Bedingungen gestellt, Ansprüche erhöht werden.

Wie wird das die Beziehungs- und LIEBESZUKUNFT meiner Söhne beeinflussen? Nun, sie werden sehr gut verhandeln können müssen. In ihren Schulklassen wie in der gesamten Gesellschaft sind die MÄDCHEN längst auf der Überholspur. Geistig, körperlich, hinsichtlich der Sozialtechniken. Die stolzen Ladies, die sich da aus den Girlies von heute entwickeln, werden nochmal ein ganz anderes Kaliber haben als die Brittas und Julias meiner Jugendzeit. Ihre Schulnoten erlauben ihnen locker ein Jura- oder Medizinstudium. Ihre – der modernen Arbeitswelt angepassten – SOZIALKOMPETENZEN werden sie beruflich weit kommen lassen. Ihr erotisches Selbstbewusstsein ermöglicht ihnen eine schier endlose Partnerwahl.

In der Liebeswelt
des 21. Jahrhunderts
benötigt man vor allem die
Qualifikation der Selbstkenntnis.
Man sollte die eigenen psychischen Defizite kennen.
Man sollte eine **»Sprache der Gefühle«**
sprechen, die der Partner versteht.
Man sollte gelernt haben, mit sich selbst
autonom zurechtzukommen.
Emotionale Intelligenz
heißt das in der Business-Sprache,
und das wichtigste Business der Zukunft
ist die Partnerschaft.

Wenn nicht alles täuscht, bereiten sich die Kids – beiderlei Geschlechts – heute bereits auf die VERÄNDERTEN BEDINGUNGEN des Partnerschaftsspiels vor. In meinem Bekanntenkreis berichten Eltern mit älteren Kindern über immer längere beziehungslose Phasen ihrer Sprösslinge. Sie leben zwischen 20 und 30 eher als SINGLES, verzichten auf komplizierte Romanzen und beziehen sich viel länger auf ihre gleichgeschlechtlichen PEER-GROUPS. Jungs bilden verlässliche Jungs-Freundschaften, die Girls bleiben eher unter sich. Bildet sich hier eine neue Geschlechter-Autonomie aus, eine »Kultur der erotischen Vorsicht«, die irgendwann zu stabileren, ehrlicheren Liebes- und Partnerschaftsbeziehungen führen wird?

Kooperation und Fairness

»Papa, kannst du mir ein Laserschwert kaufen?«

»Es gibt leider noch kein Laserschwert. Aber wenn es eins gäbe – was würdest du damit machen?«

»Alle Jüngeren auf dem Schulhof dazu zwingen, mir Süßigkeiten zu schenken.«

»Und die Älteren?«

»Die auch. Wenn sie nicht auch ein Laserschwert haben.«

Unsere Kinder sind ohne Zweifel kleine Egoisten. Hardcore-Optimierer. Während ich dies schreibe, höre ich sie entfernt im Garten herumtoben. Bang! Takatakatak! »Du Sau!«, brüllt einer, der sich verdächtig nach meinem anhört, »Ich schneid dir den Pimmel ab!« »Drecksau!«, »Schweinearsch!«. Nein, ich werde nicht hinuntergehen und schimpfen. Sie sind Primaten. Sie leben ihre Schimpansenphase aus, und kein Klavierunterricht kann sie daran hindern. Ich weiß aus Gefühl und neueren Studien, dass das Verhindern von Kriegsspielen pädagogisch eher kontraproduktiv ist. Ich habe in unserem Bekanntenkreis erlebt, dass aus Kindern mit übergroßen Plastik-Maschinengewehren plötzlich kluge, coole Jugendliche mit einer Vorliebe für Hermann Hesse und Coltrane-Jazz werden können (was will man mehr?).

Oder man beobachte unsere jungen Individualisten beim Essen. Ich koche ab und zu für eine Vierer- oder Sechsergruppe. Ben mag grundsätzlich kein Fleisch, aber auch kein Gemüse, keine Nudeln, keinen Reis und keine Kartoffeln (wovon er sich eigentlich ernährt, bleibt unklar; er ist extrem dünn). Mein kleiner Sohn isst inzwischen Erbsen, aber sonst nichts jenseits von Pommes Frites und Hühnchen. Mein Großer mag zwar Salat, aber er verweigert Nudeln. Mein Kleiner isst nur das Weiße vom Ei, mein Großer nur das Eigelb, aber beide nicht das Eigelb oder -weiß vom anderen. **SIE SIND SNOBS**, allesamt. Wenn man für sie kocht, ähnelt das den Bemühungen des kaiserlichen Hofkochs in

China gegenüber seiner Exzellenz. Und am Ende bleibt dann doch: Ketchup für alle! Und zehn Minuten später schnorren sie beim Nachbarn Süßigkeiten ...

Alle Kindheit ist Größenfantasie. Das müssen wir zunächst akzeptieren, um eine Verhandlungsgrundlage zu haben. Doch halt: Wirklich nur die Kindheit? Wenn ich mein eigenes Essverhalten analysiere, erkenne ich auch in mir den wählerischen Snob, geschult in zwanzig Jahren Gourmet-Kultur, nur eben mit anderen Kriterien: Ich bevorzuge Bio-Nahrungsmittel. Gute, trockene Weine. Olivenöl aus der Toskana.

Wie selbstlos sind **WIR SELBST**, dass wir bei unseren Kindern gegen den »Egoismus« argumentieren können? Wenn wir uns über den Markenwahn der Kids beschweren – sind es nicht einfach nur andere Marken als die, die wir präferieren? Wie moralisch ist unser elterlicher Lebenswandel, dass wir ökologische, politische, solidarische correctness von unseren Kindern **FORDERN** können?

Aus diesem Grund versuche ich, meinen Kids nichts von allgemeinen »Werten« oder »Verhaltensnormen« zu predigen. Ich versuche ihnen klarzumachen, dass Kooperation einfach mehr bringt, wenn man seine Eigenheiten leben will!

Auf eine instinktive Weise wissen sie das selbst. Es ist faszinierend, sie dabei zu beobachten, wie sie ihre Kampfspiele in ein **FEINES REGELSYSTEM** einbinden. Bei den Schwert- und Baller-Kämpfen gibt es immer eine unausgesprochene Grenze, bei der der Kleinere geschont, die Eskalation begrenzt wird. Zwar gibt es immer wieder einmal Tränen (vor allem, wenn sie müde sind). Aber: Es gibt viel weniger Tränen, als es eigentlich geben **MÜSSTE**! Dieses Verhalten ist in sich völlig logisch und evolutionär erklärbar: Wenn das Spiel abgebrochen wird, macht es keinen Spaß mehr. Es ist der Egoismus, der sie zu kooperativem Verhalten zwingt, die eigene Lust am Spiel, die Suche nach dem eigenen Vorteil.

Meine Generation hat den Idealismus in vieler Hinsicht auf die Spitze getrieben. Wir sollten das idealistische »Der-Mensch-ist-zu-Höherem-berufen«-Modell überwinden, in dessen Namen eine moralische Norm – eine konservative oder progressive – in den kindlichen Himmel gestellt wird. Und damit das SCHULD-MACHEN beenden, das viele Jahrhunderte lang das Verhältnis zwischen den Eltern und ihren Kindern prägte.

Für die Zukunft schlage ich eine »WERTE-ERZIEHUNG« vor, in der das Individuum nicht gegen die »Werte« ausgespielt wird. Die Zukunftsgesellschaft, in die unsere Kinder hineinwachsen, ist eine Welt höchst unterschiedlicher Individuen, die nach ihrem höchstpersönlichen Glück und Vorteil suchen. Damit diese Suche gelingen kann, benötigt diese Welt große Ressourcen an Toleranz, Fairness und Ehrlichkeit. Selbstverwirklichung und fun ganz allein, im stillen Kämmerlein, ist langweilig. Es ist die VIELFALT, die uns in der globalen Welt den Reichtum bringt. Es ist die Verlässlichkeit, die Authentizität freiwilliger Freundschaften und Bindungen, die der Zukunftswelt ihren Ethos und ihre Perspektive verleiht.

Medienkompetenz

Unsere Kids sind heute schon unheimlich gut in einer Eigenschaft, die für die Zukunft DIE zentrale soziale Schlüsseltechnik sein wird: NETWORKING. Sie nutzen früh Handy und Internet, um sich in ihren Cliquen und Freundeskreisen zu organisieren. Das ist eine gute Nachricht, die von vielen Eltern aber immer noch eher als Horrormeldung wahrgenommen wird.

Für die Zukunft gilt: Sie ist durch und durch eine MEDIENWELT. Das zu widerlegen steht seit vielen Jahren auf der Agenda wackerer Eltern, die ihre Kinder von der Welt der elektronischen Verführungen abhalten wollen. Ich erinnere mich an die erste Welle dieses Versuchs in den späten 60er Jahren, als der Farbfernseher die Haushalte eroberte: In unserer Nachbarsfamilie gab es damals keinen Fernseher, und das sollte auch so bleiben. Deren Sohn Martin durfte natürlich auch nicht bei uns oder anderen Nachbarn fernsehen. Stattdessen hatten seine Eltern eine nachmittägliche Vorlesestunde eingeführt, direkt nach dem Blockflötenunterricht. Ich erinnere mich noch an das Flöten und an seine dünne, leiernde Stimme, die durch den Garten zu uns herüberdrang – eine Stunde lang Fontane. Am Samstag durfte es dann auch mal Karl May sein.

Ich war wenig überrascht, als ich fünfzehn Jahre später, auf einem Klassentreffen, Martin als Mega-Medien-Freak wiedertraf. Er war Spezialist für Horror- und Splatter-Filme, seine Stereo- und Videoanlage nahm ein ganzes Zimmer ein (wie er uns stolz auf Fotos zeigte). Später heiratete er eine Krankenschwester, aber das hielt nicht lange.

Zu stupiden Glotzern und Media-Junkies werden die Kids immer nur dann, wenn die Gefühlsfäden, die sie mit der lebendigen Welt verbinden, dünn und spröde werden. Kinder mögen Medien. Und das ist gut so. Denn sie wollen Anregungen für ihren Kopf, Stoff für die Synapsen, **FUTTER FÜR DIE FANTASIE**. Nach meiner Erfahrung lieben sie jedoch die Medien lange nicht so stark, wie die Erwachsenen behaupten. Wenn sie klein sind, spielen sie eigentlich lieber mit Mami und Papi, erst wenn die keine Lust mehr haben, wenden sie sich der flimmernden Scheibe zu. Wenn sie etwas älter sind, üben sie ihre Hirn-Rechnergeschwindigkeit lieber im (aktiveren) Computerspiel oder in der interaktiven Welt des Internets. Erwachsene in Deutschland schauen im Schnitt pro Tag zweieinhalb Stunden fern! Kinder sehr viel weniger, mit deutlich sinkender Tendenz. Könnte es also auch an unserer medialen Bigotterie hängen, dass wir uns mit dem Medienkonsum unserer Kids so schwer tun? Sollten wir nicht lieber **GEMEINSAM** das wichtigste Zukunfts-Medium souverän bedienen lernen: den Ausknopf!?

Hand in Hand
durch virtuelle Welten

*Es gibt nur einen Weg, unsere Kids in die Zukunftswelt der Medien zu führen: sie zu begleiten. Gehen wir ins Kino – es gibt wunderbare Filme für Kinder UND Erwachsene. Simsen und mailen und chatten wir. Ich habe zauberhafte Computerspiele mit meinen Kindern entdeckt (**↑ Empfehlungen im Anhang, ab Seite 158**), die mir mindestens so viel Spaß gemacht haben wie den Kids. Hören wir MP3-Files: Meine Kinder stehen auf die Stones! Obwohl ich ihnen stets befehle, eine eigene Musik zu mögen; eine, die für mich schrill und hässlich klingt!*

Wir brauchen es. Dringend. Für unsere Synapsen. Für unseren Kopf. Für die Fantasie. Für unsere eigene Zukunfts-Fitness. Und um das Betätigen des Ausknopfs zu trainieren.

Humor und Ironie

Jahrelang waren wir mit E. und F. befreundet, einem Ehepaar aus Hamburg. E. und F. gehörten zu jener wachsenden Elternschicht, die erst sehr spät in ihrer Biographie die Freuden der **ELTERNSCHAFT** entdecken, dann aber umso gründlicher. E., die Mutter, war schon 41, als die kleine Anna, die schöne, großäugige Anna mit dem Barockmund, zur Welt kam.

Alles im Haushalt der drei war von der Aura des **ERNSTHAFTEN** umwoben. Die Räume waren nach Feng-Shui-Prinzipien ausgerichtet und mit ätherischen Ölen bedunstet. Über den Türbalken hingen kleine Glockenspiele, die eine sakrale Atmosphäre erzeugten. Ernste Gespräche über globales Artensterben und den kulturellen Substanzverlust herrschten vor.

und als solche blieben sie einem bestimmten, militärischen Bild der LEIBESERTÜCHTIGUNG verbunden. Es musste, ja es sollte wehtun. Ich erinnere mich an den stechenden Geruch von Chlor im Schwimmbad, von Gummi und Schweiß in der Turnhalle, an unendliche Quälereien beim Versuch, ein Tau hochzuklettern oder immer wieder über denselben lederbezogenen Bock zu springen. »KÖRPER«, das war auf jeden Fall NO FUN (Mein Körper merkte sich das und wurde später ungelenk und unfit, bevor ich im Alter von 40 Jahren das Joggen begann).

»Hör auf deinen Körper!« Diese vergebliche Aufforderung, mit der ich meine Kinder vom Schlingen beim Essen und vom Süßigkeitenverdrücken abhalten möchte, ist eine wichtige Zukunftsparole. Unsere Kinder werden sehr viel länger im Haus ihres Körpers wohnen als jede frühere Generation. Statistisch werden sie am Ende dieses Jahrhunderts 87 (Männer) und über 93 (Frauen) Jahre alt werden. Im DURCHSCHNITT! Ob sie in Einklang mit ihrem Körper leben, sich gesund ernähren, das wird über die Qualität eines viel größeren Teils ihres Lebens bestimmen.

Auf dem Weg in diese körperliche Zukunft gibt es Siege und Niederlagen zu vermelden. Einerseits essen die Kids heute unglaublichen Mist, weil die Nahrungsmittelindustrie ihren Geschmacksnerven mit allen Tricks künstlicher Aromen äußerst effektiv zu Leibe rückt. Andererseits haben sie viel bessere Zähne, als ich jemals hatte! Sport ist heute für die Kids Spiel, Austoben, fun eben. Sie bewegen sich WUNDERBAR! Sie setzen sich auch viel intensiver mit Details ihrer Physis auseinander (meine Frau nennt das »das große PIPIPUPUBUMBUM-Spiel!). Das Stillhalten ist ihre Sache nicht, und das tut ihnen sichtlich gut, behindert aber auch unser Leben. Lange Autofahrten sind fast nicht drin. Stillsitzen und Konzentrieren eher schwierig.

Und hier schließt sich der Kreis. DAS LEBENDIGE und seine Gesetze halten Einzug in unsere gesamte Lebenswelt. Das »EHERNE

GEHÄUSE DER HÖRIGKEIT«, wie Max Weber einmal die industrielle Kultur mit ihren Zeit-Takten und Menschen-Normen bezeichnete, zerbricht.

Leben wird Bewegung, im Geistigen wie im Körperlichen, im Beruf wie in der Liebe. Flow statt Planung, Eigen-Sinn statt Fremdbestimmung. Es geht um Balance, nicht mehr um die Linearität geradliniger Lebenspläne, um Stationen, die um jeden Preis »absolviert« werden wollen. Leben in der Wissensgesellschaft hat im Grunde keine Ziele außer sich selbst, außer WACHSTUM UND LERNEN – und wieder Wachstum und Lernen. Und am Ende vielleicht die Utopie der Reife. Das ist die Zukunft: Offenes Werden.

»Papa, was ist der Sinn des Lebens?«

»Schnelle Autos, Martinis, blonde Frauen. Und Gangster besiegen. Haben wir doch im James-Bond-Film gesehen, gestern, oder?«

»PAPA, das ist doch Quatsch! Das ist doch nicht DER SINN DES LEBENS!!!«

»Natürlich nicht. Ich hab keine Ahnung. Lass es uns gemeinsam herausfinden.«

»Krieg ich dafür Süßigkeiten?«

Zukunftsbasics:
Was Kinder für morgen **brauchen**

→ Die Zukunft ist ungewiss – nur das ist sicher. Wie aber können wir unsere Kinder fit machen für das, was sie in 20 oder 30 Jahren erwartet? Auf den folgenden Seiten finden Sie keine Rezepte – aber einige Anregungen dazu, wie Sie dieses große Vorhaben erfolgreich in Angriff nehmen können. Und welche Eigenschaften und Schlüsselqualitäten in Zukunft wichtig sein werden.

Zukunftsprognosen: Nur Ungewissheit ist gewiss

2

»Was willst du denn später einmal werden?«

Eine simple Frage, die wir alle aus unserer Schulzeit kennen. Doch sie heute Kindern zu stellen, scheint absurd. Bereits jetzt gibt es jedes Jahr etwa 20 neue Berufe – und bekannte Berufsbilder verschwinden dafür. Wer weiß schon, welche Arbeitsfelder in 20 oder 30 Jahren überhaupt noch gebraucht werden, geschweige denn, welche sich bis dahin neu entwickelt haben. Schließlich schaffen wir es trotz immer besserer Technik heute nicht einmal, drei Tage im Voraus eine korrekte Prognose fürs **WETTER** zu erstellen. Wie sollten da solch detaillierte Voraussagen über die Arbeitswelt von morgen oder übermorgen gelingen?

Zu rasant ist zurzeit das Tempo der technologischen wie gesellschaftlichen Veränderungen. Und die Umbrüche sind so gravierend, dass sie wahrscheinlich alles locker in den Schatten stellen werden, was es in der Geschichte der Menschheit bisher gab. Unsere Zukunft exakt vorauszusagen ist also schlicht unmöglich. Hinzu kommen die vielen »**WILD CARDS**«, wie Zukunftsforscher unvorhersehbare, völlig überraschende Störereignisse nennen, die gesellschaftliche, politische und wirtschaftliche Entwicklungen komplett torpedieren können: Wer hätte schließlich den Reaktorunfall von Tschernobyl 1986 oder den 11. September 2001 vorhersehen können?

Wir werden also künftig mit einer noch größeren Portion Ungewissheit leben, flexibel und offen auf das Unerwartete gefasst sein müssen – und unsere Kinder auch. Das einzige, womit wir rechnen können, sind einige **TRENDS**, wie Matthias Horx, Deutschlands einflussreichster Zukunftsforscher, sie im 1. Kapitel beschrieben hat (↑ ab Seite 7). Veränderungsprozesse also, die schon jetzt begonnen haben und deren Folgen für die Zukunft sich bereits heute abzeichnen. Nicht mehr – und nicht weniger.

Das ist jedoch noch lange kein Grund, in Zukunftspessimismus zu verfallen und zum Opfer des ↑ »**HYSTERISCHEN ZUKUNFTSANGST-SYNDROMS**« (Seite 9), wie Horx es nennt, zu werden. Im Interesse unserer Kinder sollten wir uns alle ein gutes Stück Zukunftsoptimismus bewahren. Trotzdem bleibt natürlich für Eltern die Frage im Raum stehen: Wie sollen wir unsere Töchter und Söhne auf diese unbekannte Zukunft vorbereiten?

» Man kann **heute** nicht mehr von der Erfahrung auf die **Zukunft** schließen. **Zukunft** ist ein Raum der offenen **Möglichkeiten**. «

[Prof. Dietrich Schwanitz | *Anglist und Autor*]

Zukunftsbasic 1:
Bildung

Ob englische Vokabeln oder Algebra, Geographiekenntnisse oder Geschichtszahlen – eines ist sicher: Ohne Bildung geht es auch in Zukunft nicht. Ganz im Gegenteil!

Bildung wird sogar noch an Bedeutung gewinnen. Deshalb ist das erste, was unsere Kinder auf ihre Reise in die Welt von morgen mitbekommen sollten, ein wirklich solides Bildungsfundament. Wie Matthias Horx annimmt, wandelt sich unsere Industriegesellschaft über kurz oder lang in eine »**WISSENSGESELLSCHAFT**«. Und damit ist Wissen der Rohstoff der Zukunft. Wer also in jungen Jahren einen ordentlichen Vorrat davon anlegt, hat später wahrscheinlich sehr viel bessere Karten.

Bildung – in der Vergangenheit oft belächelt und unterschätzt – wird künftig wieder hoch im Kurs stehen. Klar, denn in einer Arbeitswelt, in der eher Geistesstärke als Muskelkraft gefragt ist, haben Wissen, Lernen und Bildung einen viel höheren Stellenwert als noch in unserer Kindheit. Ungelernte werden es in Zukunft immer schwerer haben.

Nur wenn unsere Kinder sich schon früh ein stabiles und umfassendes **WISSENSGERÜST** aufbauen, kommen sie damit ihr Leben lang gut und sicher durch die ständig weiter wachsende Flut an Informationen. Bildung verhindert, dass sie orientierungslos in dem nicht abreißenden Infostrom treiben und in der Fülle von Möglichkeiten ihre Chancen verpassen. **BILDUNG SCHLÄGT BRÜCKEN**, verbindet vertrautes Wissensterritorium mit Neuland und vergrößert sich so permanent selbst – etwas, wovon unsere Kinder in Zukunft nur profitieren können.

Bildung hilft …

1 → die Fülle an Informationen zu sichten

2 → Informationen zu filtern, zu überprüfen, zu bewerten und auszuwählen

3 → sich neues Wissen anzueignen und zu lernen

4 → neues Wissen in bereits vorhandenes zu integrieren

5 → Wissen in praktisches Handeln umzusetzen

6 → Spezialkenntnisse zu erwerben

7 → Wissen gezielt weiterzugeben

8 → einen eigenen Standpunkt zu beziehen

9 → Entscheidungen zu treffen

10 → persönliche Chancen zu erkennen und gezielt zu nutzen

11 → ein selbstbestimmtes, erfolgreiches und erfülltes Leben zu führen.

Auf die Haltbarkeitsdauer kommt es an

Wozu viel lernen – das lohnt sich ja doch nicht! So meinen kritische Stimmen mit Blick auf immer gigantischere Datenbanken und schnellere Internetsuchmaschinen. Schließlich wird ja so die »HALBWERTZEIT« von aktuellem Wissen ständig kürzer: Es verfällt immer schneller, ist immer rascher überholt. Gleichzeitig kommt permanent neues Wissen hinzu. Vor allem auf technologischen Fachgebieten kann außer wirklichen Experten schon jetzt kaum noch jemand Schritt halten.

Wichtig ist deshalb bei allen Bildungsangeboten: Kinder sollten sich nicht vorrangig mit Wissen abmühen, das schnell veralten wird und ihnen dann später ohnehin nichts nützt. Damit verschwenden sie nur ihre Zeit und Energie. Es gibt genügend anderen Lernstoff, aus dem sich ein Gerüst solider Allgemeinbildung errichten lässt: Pädagogen schätzen, dass 90 Prozent der in der Schule vermittelten Inhalte auf Dauer up-to-date bleiben. Ob die Winkelsumme eines Dreiecks oder Thomas Manns »Buddenbrooks«, Einsteins Relativitätstheorie oder das Neue Testament, Picassos »Guernica«, das Periodensystem der chemischen Elemente, Shakespeares »Hamlet«, die längsten Flüsse der Welt oder das Ende des Zweiten Weltkriegs – all das ist wertvolles Wissen, das garantiert nicht mehr verfällt. FAKTEN, DIE ES ZU LERNEN LOHNT. Dinge, mit denen sich unsere Kinder unbedingt beschäftigen und auseinander setzen sollten – auch wenn sie sich viel lieber schnell überholtes Trendwissen wie die Namen aller 250 Pokémon-Monster samt ihrer verschiedenen Entwicklungsstufen und ihres speziellen »Könnens« aneignen.

»Auch im Zeitalter der Datenbanken bleibt das **Was** wichtiger als das **Wie** und das **Wo**.«

[Dr. Konrad Adam | *Journalist und Autor*]

2

So wecken Eltern Leselust

Geben Sie Ihren Kindern ein Lesevorbild!

Wer selbst öfter vor dem Fernseher sitzt als ein Buch zur Hand nimmt, kann nicht erwarten, dass sein Kind zur Leseratte wird.

Stacheln Sie die Leseneugier an!

Gehen Sie zusammen mit Ihrem Kind in Bibliotheken und Buchläden und suchen Sie altersgerechte Lektüre, die Ihren Sprössling interessiert. Lesen Sie täglich vor, schauen Sie gemeinsam Bücher an und zeigen Sie, wie spannend und hilfreich diese sein können.

Erweitern Sie den gemeinsamen Lesehorizont!

Finden Sie heraus, welche Lektüre Ihr Kind in welcher Stimmung besonders mag – vielleicht lange Geschichten, auch mal Comics oder Reime? Kombinieren Sie verschiedene Medien: Machen Sie Ihrem Sprössling nach dem Harry-Potter-Film die Fortsetzung im Buch schmackhaft. Oder erwecken Sie seine Lieblingsgeschichte auch mal als Hörspiel auf CD zum Leben.

Sorgen Sie für Lese-Erlebnisse!

Vorlesen darf nicht langweilig sein: Betonen Sie dramatisch, gestikulieren Sie, erzählen Sie, stellen Sie Fragen zum Text, lesen Sie abwechselnd, vielleicht sogar mit verteilten Rollen ... Sind dann noch Kuscheldecke und Kerzen, Kakao und Freunde dabei, macht die Lesestunde doppelt Spaß.

Tun Sie etwas für ein hohes Leseniveau!

Sogar Leseanfänger verstehen schon anspruchsvolle Texte und Literatur, wenn sie diese häppchenweise hören. Ergänzen Sie beim Lesenlernen die Pflicht- immer wieder durch Spaßlektüre. Wortgenaues Lesen trainieren Sie durch Reimwörter (Maus–Haus–Laus–raus) oder durch Wörter, die sich nur durch einen Buchstaben unterscheiden (Hose–Hase, Nudel–Nadel). Witzig sind auch Zungenbrecher (Fischers Fritze fischte frische Fische ...) und Gedichte.

Zum »haltbaren« Wissen gehören aber auch gute Kenntnisse der Muttersprache, sicheres Lesen und Schreiben. Wer meint, das Rechtschreibprogramm seines PC's werde schon alle Probleme lösen, kann damit ganz schön auf die Nase fallen. Ohne Lesen lernt es sich auf jeden Fall sehr schlecht. Leider hat sich in Deutschland klammheimlich die »Lese-Unlust« breit gemacht: Schon 42 Prozent der 15-Jährigen empfinden das Lesen als eine Zumutung! Dabei sind Bücher die **BILDUNGS-GEHEIMWAFFE** überhaupt. Wenn Kids diese nicht zur Hand nehmen wollen, ist auch die Schule mit ihrem Latein sehr schnell am Ende. An Kulturtechniken wie Lesen und Schreiben führt kein Weg in die Zukunft vorbei.

Zukunftsfit durch lebenslanges Lernen

Bildung ist wesentlich – aber ein solides Bildungsfundament allein macht noch nicht zukunftsfit. Wer glaubt, sich künftig auf seinen Schullorbeeren ausruhen zu können, verliert schnell den Anschluss. Denn während der Kanon des »haltbaren« Wissens Bestand hat, sorgen die immer rasanteren technologischen und gesellschaftlichen Veränderungen für eine wachsende aktuelle **WISSENSFLUT**, die es zu kanalisieren gilt. In vielen Bereichen wird der Lernprozess in Zukunft nie abgeschlossen sein. Und unsere Kinder werden da nur mithalten können, wenn sie ihr Wissen regelmäßig updaten, erweitern und an neue Entwicklungen und Lebenssituationen anpassen. Eine Schul- und eine Berufsausbildung allein reichen künftig bei weitem nicht mehr aus. Nur wer sich **KONTINUIERLICH** fort- und weiterbildet, Zusatzqualifikationen erwirbt und Erfahrungen in verschiedenen Bereichen sammelt, kann auf Dauer Schritt halten. Weiterlernen, umlernen, neu lernen ist angesagt, »lebensbegleitendes Lernen«, wie Jacques Delors, Leiter der Europäischen Kommission[1], es nennt. Diese hat das lebenslange Lernen bereits zu einem der wichtigsten Bildungsziele in den nächsten Jahren erhoben. So sollen sich bereits im Jahr 2010 mindestens 12,5 Prozent aller Erwachsenen im erwerbsfähigen Alter (25- bis 64-Jährige) an Maßnahmen lebenslangen Lernens beteiligen. Und dieser Prozentsatz soll ständig weiter steigen.

Unsere Kinder werden also von klein auf das Lernen lernen müssen. Und dabei sollten wir Eltern uns nicht allein auf Kindergarten und Schule verlassen. Schließlich gilt es, in allen Teilen unserer künftigen Gesellschaft eine **KULTUR DES LERNENS** zu schaffen. Dazu sollten wir zu Hause in der Familie schon unseren Teil beitragen. Denn unter den heutigen Lebensbedingungen ist es für kleine Leute oft gar nicht so einfach, ihren natürlichen **WISSENSDURST** spielerisch und kindgerecht zu stillen und sich so auch die angeborene Neugier bis ins Erwachsenenalter hinüberzuretten. Wie aber bleibt das Lernen spielerisch? Haben Sie schon einmal einen Zweijährigen beobachtet, der gerade versucht, aus Klötzen einen möglichst hohen Turm zu bauen?

Jeder Fehler macht klug. Jeder neue Versuch bringt den kleinen Baumeister ein Stückchen weiter – beim Turmbau ebenso wie in seiner ganz persönlichen Entwicklung. Da lernt der Knirps etwas über Statik und Schwerkraft, über das Gleichgewicht, über Formen und Farben, über Zielsetzung, Arbeitsplanung und das Abwägen eines Risikos. Ganz nebenbei trainiert er auch noch, seine Augen und Hände geschickt zu koordinieren. Und schließlich lernt er das Gefühl kennen, erfolgreich ein Problem bewältigt zu haben und **STOLZ** darauf zu sein. Genau das ist der Weg, auf dem man das Lernen lernt – für ein ganzes Leben. Das alles würden Sie Ihrem Kind verderben, wenn Sie ihm die Klötze aus der Hand nehmen und ihm einen fertigen Turm hinstellen würden – groß, standfest und beeindruckend, aber nicht von ihm selbst mit **MÜHE** und Misserfolgen trotzend gebaut!

Lassen Sie also Ihr Kind immer wieder neue **VERSUCHE** starten und eigene Irrtümer begehen. Lassen Sie es mit unterschiedlichen Materialien hantieren, zu Hause und in der Natur. Lassen Sie es SPIELEN, allein und mit anderen Kindern, unbeobachtet, ohne Druck, Vorgaben und äußere Zwänge, mit wenig vorgefertigtem Spielzeug und dafür viel Freiräumen, Zeit und Muße. Möglichst viele Gelegenheiten zum Spielen, Entdecken und Experimentieren im Alltag – das sind die besten Investitionen in die Zukunft unserer Kinder. Denn genau dabei lernen sie auch das Lernen selbst – ganz unspektakulär und einfach nebenbei. Das macht Spaß und Lust auf mehr. So können sie selbst von klein auf an ihrem ganz persönlichen gigantischen, unendlichen WISSENSMOSAIK arbeiten und ihm je nach Begabung und Interesse immer neue Steinchen hinzufügen – ihr Leben lang.

2

Bildung: Was gehört dazu?

1 über ein breites Allgemeinwissen, »Weltwissen« zu verfügen

2 Methoden zum selbstständigen Lernen zu beherrschen

3 Lesen und Texte verstehen zu können

4 Schreiben und Texte verfassen zu können

5 ein Verständnis für Technik und Umwelt zu haben

6 Kenntnisse in Mathematik und Naturwissenschaften zu haben

7 über Grundkenntnisse in Geschichte, Geographie, Kunst, Literatur, Religion, Philosophie und Ethik zu verfügen

Interview mit Renate Schmidt, der Bundesministerin für Familie, Senioren, Frauen und Jugend, zum Thema: »Was Kinder für die Zukunft brauchen«.

Was brauchen Kinder Ihrer Meinung nach, um in der Welt von morgen zurechtzukommen?

Kinder brauchen vor allem Vertrauen in die eigene Kraft und in die eigenen Fähigkeiten. Sie brauchen das Gefühl, um ihrer selbst willen geliebt zu werden und einen Platz in der Welt von morgen zu haben. Und Kinder brauchen von Anfang an die bestmögliche Bildung und Erziehung. Damit werden die Grundlagen für den späteren Lebensweg gelegt.

Was sollten Eltern ihnen unbedingt mit auf ihren Lebensweg geben?

Eltern sind die erste und dauerhafteste Bildungs- und Erziehungsinstanz. Nur wenn Eltern ihren Kindern Liebe und Zuwendung geben, können diese zu selbstbewussten und verantwortungsvollen Menschen heranwachsen. Eltern müssen ihren Kindern aber auch klare Regeln und Maßstäbe mit auf den Weg geben: Solidarität und Eigeninitiative, Toleranz und Kritikfähigkeit, Rücksicht auf andere und füreinander einstehen – all das lernen Kinder zuallererst in der Familie.

Was kann und sollte der Staat/die Politik beitragen, um unsere Kinder fit für die Zukunft zu machen?

Es ist eine wichtige Aufgabe des Staates, Familien in ihrer Erziehungsverantwortung zu unterstützen und ein gutes Betreuungs-, Bildungs- und Erziehungsangebot für Kinder und ihre Eltern bereitzustellen. Dazu gehören gute Grundschulen, gute weiterführende Schulen, gute Ganztagsschulen, aber auch außerschulische Bildungsangebote. Ganz besonders müssen wir die frühe Förderung von Kindern verbessern, denn die ersten sechs Lebensjahre entscheiden maßgeblich über die Startchancen von Kindern. Allen muss klar sein: Ausgaben für die frühe Erziehung und Bildung unserer Kinder sind wichtige Investitionen für die Zukunft.

Zukunftsbasic 2: Stärke

»Iss, damit du groß und stark wirst.« Diesen Satz kennen Sie sicher noch aus Ihrer Kindheit. Und selbst wenn Sie damals oft darüber gelacht haben, wünschen Sie sich das jetzt bestimmt auch für Ihr eigenes Kind: Es soll stark sein. Angesichts der Zukunft, die unsere Kids vor sich haben, brauchen sie dafür jedoch weit mehr als Butterbrote und Äpfel. Wenn wir sie für die Zukunft fit machen wollen, müssen wir ihre ganze Persönlichkeit stärken. Denn der Alltag wird immer härter, und überall lauern auch Gefahren.

Wer in Zukunft in unserer Gesellschaft fest im Leben stehen möchte, muss erst einmal ein Bein auf die Erde bekommen. Doch dazu müssen Kinder stark sein, sich notfalls gegen andere **DURCHSETZEN** und sich selbst behaupten können. Unsere Kids brauchen Selbstbewusstsein, Selbstsicherheit und **WIDERSTANDSKRAFT**, um bei Frust nicht gleich zu resignieren. Und unsere Kinder brauchen den **MUT**, auch immer wieder **NEIN** zu sagen – selbst wenn sie sich damit oft erst einmal in eine Außenseiterposition katapultieren. Gewalt und Drogen, sexueller Missbrauch und Pornografie im Internet, Essstörungen und Konsumrausch, Sekten und Satanskult – die Liste der **GEFAHREN**, mit denen die Kids konfrontiert werden könnten, ist lang. Und sie wird in den nächsten Jahren sicher nicht kürzer werden. Wahrscheinlich werden sogar neue Risiken auftauchen, von denen wir heute noch gar nichts ahnen. Nur persönliche Stärke kann unseren Kindern als **SCHUTZSCHILD** gegen Bedrohungen jeder Art dienen. Starke Kinder brauchen keine Ersatzbefriedigungen, kein Aggressionsventil und keine Flucht aus der Wirklichkeit. Nur Stärke verhindert, dass unsere Kinder sich von ihren eigenen Zielen abbringen und komplett aus der Bahn werfen lassen. Nur starke Kids werden die Zukunft meistern.

Selbstbewusst Stärke ausstrahlen

Coole Typen sind die heißen Favoriten unserer Kids. Leider finden sie sich selbst oft total »UNCOOL«. Jedes siebte Kind vermutet laut einer Umfrage[2] sogar, die eigenen Eltern »hätten es lieber anders«. Beobachten Sie sich doch mal selbst: Wie oft kritisieren und korrigieren Sie an Ihrem Kind herum? Und wie oft loben Sie es und unterstützen es konstruktiv auf dem Weg, es selbst zu werden? Jedes Kind ist EINZIGARTIG, hat seine ganz individuellen Stärken und Schwächen, Talente und Eigenarten. Die gilt es herauszufinden und zu stärken (↑ Anregungen dafür siehe ab Seite 98).

Wenn wir das als Eltern schaffen, dann können auch die Kids Ja zu sich selbst sagen, sich annehmen, so wie sie sind, auf sich selbst vertrauen und sich ihrer selbst sicher sein. So können sie ZUKUNFTSSTÄRKE entwickeln.

Kinder, die eine solch positive Einstellung zu sich selbst haben, strahlen dieses starke Selbstvertrauen auch nach außen aus. Gefahren können ihnen nicht so schnell etwas anhaben. Sie gehen selbstsicher mit viel Power ihren Weg. Und können total cool sein.

» Damit Kinder sich **selbst** gegenüber ein **gutes Gefühl** haben können, müssen zuerst die **Eltern** ihnen gegenüber dieses Gefühl haben. «

[Dr. Alan D. Davidson | *Entwicklungspsychologe* und Robert E. Davidson | *Personalfachmann*[3]]

So werden Kinder stark für die Zukunft!

Sie sind selbstbewusst.

→ Zukunftsstarke Kinder sind offen und selbstsicher und lassen sich nicht einschüchtern. Sie zweifeln nicht ständig bei jeder Kleinigkeit an sich selbst.

Sie versuchen, sich realistisch einzuschätzen.

→ Sie akzeptieren ihre starken Seiten ebenso wie ihre schwachen, kennen ihre wunden Punkte und persönlichen Grenzen und berücksichtigen sie.

→ Sie sehen sich selbstkritisch, haben aber insgesamt das Gefühl, dass sie selbst etwas wert sind.

→ Sie wissen, was sie sich zutrauen können, setzen sich erreichbare Ziele und erwarten von sich selbst nichts Unmögliches.

Sie achten auf ihre Gefühle.

→ Sie haben Achtung vor sich selbst, kennen ihre eigenen Gefühle und Bedürfnisse und beachten sie. Sie drücken klar und deutlich aus, was sie fühlen – durch Gestik, Mimik oder eindeutige »Ich«-Botschaften.

→ Sie fühlen sich in ihrem Körper zu Hause und sind innerlich im Gleichgewicht.

Sie können mit Erfolg und Misserfolg umgehen.

→ Sie fühlen sich auch in schwierigen, frustrierenden Situationen stark. Sie vertrauen darauf, Herausforderungen meistern zu können, geben nicht vorschnell auf und suchen neue Lösungen.

→ Sie freuen sich über ihre Erfolge – und sehen sie nicht nur als »glücklichen Zufall« an.

→ Sie betrachten Fehler und Schwierigkeiten nicht als persönliche Niederlage, sondern als Herausforderung – und packen sie an.

Sie finden ihren Platz in der Welt.

→ Sie haben eine eigene Meinung und vertreten diese – auch wenn sie von dem abweicht, was andere sagen.

→ Sie nehmen gern Lob und Anerkennung an, erkennen aber auch die Leistungen anderer an und loben sie.

→ Sie haben eine optimistische Lebenseinstellung und erwarten von sich und der Welt grundsätzlich Gutes.

Interessen kraftvoll durchsetzen

Viel Lärm um nichts – so enden die meisten Streitereien auf dem Spielplatz oder Schulhof. Und die Gewinner sind fast immer jene Kinder, die ohnehin das Sagen haben. Bei einer Umfrage[4] waren 91,9 Prozent aller Eltern davon überzeugt, dass man in unserer Gesellschaft mehr **DURCHSETZUNGSVERMÖGEN** braucht als früher. Das ist sicher richtig und wird in Zukunft bestimmt auch so bleiben.

Dabei darf man Durchsetzungsvermögen jedoch nicht mit Rücksichtslosigkeit und Rowdytum verwechseln: Sandkasten-Rocker und Straßenschläger sind keine Vorbilder in Sachen Zukunftsstärke. **AGGRESSIVES VERHALTEN** ist immer ein Zeichen von Schwäche, Unsicherheit und mangelndem Selbstbewusstsein. Kinder mit Durchsetzungsvermögen haben es nicht nötig: Sie lassen Worte und **TATEN STATT FÄUSTEN** sprechen.

Kinder, die nicht zögern und zaudern, sondern zielstrebig und kraftvoll ans Werk gehen, haben gute Chancen, ein starkes Durchsetzungsvermögen zu entwickeln (↑ mehr Tipps siehe ab Seite 98). Hindern wir sie nicht daran – auch wenn für uns Eltern ihre Hartnäckigkeit manchmal anstrengend ist, weil wir selbst ebenfalls Auseinandersetzungen mit ihnen austragen müssen. Lassen wir sie ihre Kräfte testen. Dann werden sie auch ihre Zukunft mit **POWER** anpacken.

» Eine Schwäche kann **Stärke** bedeuten, wenn wir ihre **Qualitäten** entdecken und **richtig** nutzen. «

[Katharina Zimmer | *Psychologin*]

So können Kinder ihre Interessen vertreten

Sie erkennen eigene Ziele und verfolgen sie.

- Sie haben ihr Ziel im Blick und richten ihr eigenes Verhalten selbstständig danach aus, was sie erreichen möchten.
- Sie verfolgen ihr Ziel auch gegen Widerstände, haben Ausdauer, geben nicht so leicht auf und motivieren sich immer wieder selbst.
- Sie konzentrieren sich auf das, was für sie selbst wichtig ist. Das, was sie ohnehin nicht ändern können, versuchen sie zu akzeptieren.

Sie können andere Menschen überzeugen.

- Sie können ihre Interessen zum Ausdruck bringen und sie anderen gegenüber vertreten.
- Sie schaffen es, Ereignisse oder das Verhalten anderer in ihrem Sinne erfolgreich zu beeinflussen und sich bei anderen Respekt zu verschaffen.

Sie berücksichtigen die Interessen anderer und suchen Kompromisse.

- Sie erkennen auch die Interessen anderer Menschen an, verhandeln und streben einen Interessenausgleich an, ohne ihre eigenen Interessen aus den Augen zu verlieren.
- Sie verfügen über soziale Fähigkeiten und taktisches Geschick und sind in der Lage, sich schnell und flexibel wechselnden Situationen anzupassen.
- Sie sind kooperativ und suchen auch selbst Hilfe und Unterstützung, wenn sie Probleme haben.
- Sie sind bereit, Konflikte konstruktiv auszutragen – ohne Gewalt.

Frustgeschützt durch Widerstandskraft

Wo gehobelt wird, fallen natürlich auch Späne. Und wer sich etwas in den Kopf gesetzt hat, muss auch mit Widerstand und Problemen rechnen. Sich nicht von Rückschlägen verunsichern zu lassen, bei Frust nicht gleich die Flinte ins Korn zu werfen – auch das gehört deshalb zur Zukunftsstärke. »**RESILIENZ**« nennen Psychologen diese Fähigkeit, die Kinder sogar unter schwierigen Bedingungen widerstandsfähig, ja fast »unbesiegbar« macht. Eine Fähigkeit, die unsere Kids in Zukunft noch dringender brauchen als heute. Denn nur solche starken und widerstandsfähigen Kinder sind in der Lage, auch unvorhergesehene Situationen und unbekannte Probleme zu meistern.

Dabei helfen ihnen ganz spezielle Eigenschaften (↑ Kasten Seite 41 und Seite 43). Wenn es uns Eltern gelingt, diese Eigenschaften zu unterstützen und unsere Kinder so »**IMMUN**« gegen Frust und gelassen im Umgang mit Fehlern zu machen (↑ praktische Tipps und Anregungen dafür ab Seite 98), dann haben wir einen soliden Grundstein für ihre Zukunftsstärke gelegt. Dann sind sie gut gerüstet, um in der Welt von morgen wirklich mit beiden Beinen fest im Leben zu stehen. Und nichts kann sie so leicht aus der Bahn werfen oder von ihrem Weg abbringen.

» Kinder können nicht immer **tun**, was sie **wollen**, aber sie müssen immer das wollen, was sie **tun**. «

[Prof. Jean Piaget | *schweizerischer Entwicklungspsychologe*]

Zukunftswerte:
Fortschrittlich denken und handeln

»Panta rhei« – alles fließt, schrieb schon der griechische Philosoph Heraklit im antiken Ephesos. Doch im Vergleich zu damals ist das Leben heute ein reißender Strom, der künftig wahrscheinlich noch gewaltig an Geschwindigkeit zulegen wird. Kein Wunder, dass alte Werte und Traditionen längst weggespült worden sind. Geblieben ist eine FLUT an Informationen und Optionen – so zahlreich und vielfältig, dass die Gefahr besteht, hoffnungslos darin zu ertrinken. Die Welt um uns herum wird immer komplexer, unübersichtlicher, unser Alltag immer schnelllebiger. Logisch, dass das schwindelig macht! Und logisch, dass dabei auch die Ordnung der Welt ins Wanken geraten ist.

LEITBILDER UND GEBOTE, die lange Gültigkeit hatten, sind heute wertlos. Normen und Regeln so aufgeweicht, dass sie keinen Halt mehr geben. Allgemein Gültiges darüber, was gut und richtig ist, gibt es längst nicht mehr. Erlaubt ist, was gefällt. WERTE-PLURALISMUS ist angesagt. Überall in unserer Gesellschaft, in jeder Lebenslage gelten andere Werte: Jede Clique, jede Familie, jeder Mensch entscheidet allein, was für ihn persönlich in welcher Situation wertvoll ist.

Das kann morgen vielleicht etwas völlig anderes sein als gestern oder heute. Auch hier ist alles permanent im Fluss – das wird sich künftig nicht wesentlich ändern. Wie sollen Kinder sich da noch zurechtfinden? Wie CHANCEN von Risiken unterscheiden? So besteht die große Gefahr, warnt der Erziehungswissenschaftler Dr. Holger Wyrwa, dass immer mehr Kinder orientierungslos und ohne Zukunftsperspektiven sind. Doch so können sie ihre Chancen nicht nutzen. Und sie sind den Gefahren des Alltags nicht gewachsen.

> Wir leben auf einem Karussell, das sich immer noch schneller dreht.

[Adalbert Metzinger | *Erziehungswissenschaftler*]

Was unsere Kinder deshalb dringend brauchen, ist eine Lebenseinstellung, die sie ZUKUNFTSFIT macht. Eine fortschrittliche Lebenseinstellung, die persönliches Wachstum nicht auf Kosten anderer vorantreibt, die PERSPEKTIVEN vermittelt. Mit Werten, die jungen Leuten eine RICHTSCHNUR liefern, an der sie sich orientieren können. Eine Lebenseinstellung, die nicht nur unseren Kindern hilft, sich selbst weiterzuentwickeln, sondern auch einer künftigen Gesellschaft gut tut. Neben den Zukunftsbasics Bildung und Stärke (↑ ab Seite 31 und ab Seite 39) und den acht wichtigsten Schlüsselqualifikationen (↑ ab Seite 61) helfen Kindern dabei die folgenden sechs Zukunftswerte:

- Optimismus (↑ ab Seite 48)
- Querdenkertum (↑ ab Seite 50)
- Risikobereitschaft (↑ ab Seite 52)
- Verantwortungsgefühl (↑ ab Seite 54)
- Solidarität und Toleranz (↑ ab Seite 56)
- Friedfertigkeit und Bescheidenheit (↑ ab Seite 58)

Zehn Gebote für das 21. Jahrhundert

[nach Prof. Dr. Horst W. Opaschowski[5]]

Wer in Zukunft Persönlichkeit beweisen und im Leben bestehen will, muss sich an neuen Geboten orientieren:

1 → Bleibe nicht dauernd dran; schalte auch mal ab.

2 → Jage nicht ständig schnelllebigen Trends hinterher.

3 → Kaufe nur das, was du wirklich brauchst, und mache dein persönliches Wohlergehen zum wichtigsten Kaufkriterium.

4 → Versuche nicht, permanent deinen Lebensstandard zu verbessern, und verwechsle ihn auf keinen Fall mit Lebensqualität.

5 → Lerne, zu lassen, Überflüssiges wegzulassen. Lieber mal etwas verpassen, als immer dabei sein.

6 → Lerne wieder, dich ganz auf eine Sache zu konzentrieren, statt immer vieles zur selben Zeit zu tun. Entdecke die Hängematte wieder.

7 → Mache nicht alle deine Träume wahr, hebe dir noch unerfüllte Wünsche auf.

8 → Tue nichts auf Kosten anderer oder zu Lasten nachwachsender Generationen.

9 → Genieße maßvoll, damit du länger genießen kannst.

10 → Verdiene dir deinen Lebensgenuss – durch Arbeit oder durch gute Taten. Ganz nach Goethe: Es gibt nichts Gutes, außer man tut es.

Optimismus: Weltvertrauen ist gefragt

Ständig an der Grenze, sofort auf 180 – wir leben auf der Überholspur, und unsere Kinder oft auch schon. Die Toleranz gegenüber dem Unerwarteten müsste hoch sein, tatsächlich haben wir aber oft gar keine Reserven mehr dafür übrig, kleinen Zwischenfällen gelassen zu begegnen und ihnen die Spitze zu nehmen. Dafür braucht es Ermutigung. Und Hoffnung. Denn wie sollen junge Menschen sonst die Hoffnungsträger für die Zukunft sein?

Unsere Kinder brauchen **WELTVERTRAUEN**, wie Matthias Horx es nennt (↑ ab Seite 8). Und sie brauchen vor allem Vertrauen in die eigenen Fähigkeiten und eine positive, optimistische Lebenseinstellung. Dieses Gefühl brauchen sie, um standzuhalten. Damit sie das Leben bejahen, statt sich von pessimistischer Stimmung anstecken zu lassen. Aktiv und zuversichtlich zupacken, statt in larmoyante Passivität zu verfallen. Mutig die **INITIATIVE** ergreifen, statt immer nur zaudernd abzuwarten.

Nur mit Optimismus und Weltvertrauen können unsere Kinder die immensen Herausforderungen der Zukunft bewältigen, nur so die Probleme und Schwierigkeiten eines immer komplizierter werdenden Alltags meistern. Und nur so können sie zum **FORTSCHRITT** in der Welt beitragen.

» Es kann sich nur etwas **ändern**, wenn wir **optimistisch** bleiben. «

[Carl Friedrich Freiherr von Weizsäcker | *deutscher Atomphysiker*]

Unsere Kinder müssen psychisch immun werden gegen die immer wieder auftretende »PESSIMISMUS-EPIDEMIE«, wie der bekannte amerikanische Psychologe Professor Dr. Martin E. P. Seligman es nennt. Dafür brauchen sie dringend Optimismus. Nur wenn für sie in Zukunft das Glas eher halb voll als halb leer ist, haben sie eine Chance, sich selbst ein erfolgreiches und glückliches Leben zu gestalten.

ZUKUNFTSTIPP

Worte, die Hoffnung geben

Optimismus wirkt ansteckend. Also üben Sie als Eltern sich selbst darin – auch wenn das manchmal im Alltagschaos nicht ganz leicht ist. Der Trick: »POSITIVE SELBSTVERBALISATION«.

Klingt kompliziert, ist aber ganz einfach. Ein Beispiel? Wenn Ihr Liebling Ihnen schon den ganzen Tag auf den Nerven herumtrampelt, denken Sie garantiert: »Wann gibt die kleine Nervensäge endlich Ruhe?« Sehen Sie es doch positiv: »Wie schön, dass ich so ein aufgewecktes Kind habe. Es wird sich später bestimmt gut behaupten können!« Alles hat nicht nur negative, sondern auch positive Seiten. Die gilt es zu entdecken.

Diese Grundeinstellung sollten Sie auch Ihrem Kind von klein auf in zahlreichen Gesprächen vermitteln. Ein: »Schön, dass du heute mit so viel Geduld geübt hast, eine Schleife zu binden« bestärkt mehr als »Klappt es immer noch nicht mit der Schleife?« Ist tatsächlich etwas ganz schief gelaufen, ermutigen Sie Ihren Sprössling darüber nachzudenken, woran es gelegen haben könnte – und was sein eigener Anteil daran war. Nur so kann er für einen neuen Versuch einen anderen Weg finden.

Querdenkertum: Zusammenhänge durchschauen

Infoflut und virtuelle Welten, Globalisierung, Glitzerfassaden und PATCHWORK-IDENTITÄTEN – die Welt von morgen wird schwer zu durchschauen sein. Immer öfter trügt der schöne Schein. Immer schwerer ist die Qualität der vielen Informationen zu beurteilen. Und immer häufiger tauchen Probleme auf, die aufgrund ihrer Vielschich-

»Think big!« heißt eine amerikanische Redensart. Man könnte auch sagen: Denken Sie mal anders – am besten zusammen mit Ihrem Kind. Verlassen Sie ausgetretene Denkpfade: Auch ein Spaziergang wird interessant, wenn Sie vom geraden Weg abweichen, große Steine umrunden, über Bäche springen. Überlegen Sie sich bei Ihrem nächsten Problem einfach mal drei neue, vielleicht sogar verrückte Lösungen. Spielen Sie durch, welche Folgen diese quer gedachten Wege haben könnten. Sie werden staunen, wie häufig Dinge machbar sind, die Sie sich vorher nicht zu denken erlaubt haben.

tigkeit sehr komplexe Lösungen erfordern. Dafür brauchen unsere Kinder eine neue Art des Denkens: **KRITISCH-STRATEGISCHES QUERDENKERTUM**. Weder technokratisch-zersplittertes noch pseudorationales Denken werden in Zukunft Erkenntnisse oder gar Lösungen bringen. Was unsere Kinder brauchen, ist ein ganzheitliches Denken, das Informationen in ihre unmittelbaren, aber auch in die globalen Zusammenhänge stellt. Das nicht nur Einzelaspekte, sondern alle Dimensionen eines Problems berücksichtigt. Ein Denken, das aber auch kritisch hinterfragt und realistisch urteilt, das Illusionen, irreführende Ideen und Irrtümer aufspürt, sich von nachdenklicher Vernunft, statt von spontanen Gefühlen leiten lässt. Und ein Denken, das Strategien entwickelt, das bei allem Tun vorausschauend Chancen und Risiken einplant – auch wenn sie noch so unwahrscheinlich sind.

ZUKUNFTSTIPP

Fragend neue Wege finden

Ermuntern Sie Ihr Kind, nach Gott und der Welt zu fragen. Philosophieren Sie gemeinsam: Was bedeutet Glück? Was wäre, wenn jeder Mensch nur an sich selber denken würde? Was ist Wahrheit? Wie sähe die Welt aus, wenn es überhaupt keine Regeln gäbe? Was wäre, wenn alle Menschen gleich wären? Was ist Traum, was Wirklichkeit?

Ermutigen Sie Ihr Kind, stets seinen eigenen Weg zu gehen. Es muss sich nicht stromlinienförmig verhalten! Denken Sie stets gemeinsam darüber nach, welche Möglichkeiten es gibt, ein bestimmtes Ziel zu erreichen. Erst wenn Ihr Sprössling mehrere verschiedene Wege in Betracht gezogen hat, kann er sich wirklich für den entscheiden, der zu ihm passt.

Risikobereitschaft: Den Sprung ins Ungewisse wagen

Leben ist Risiko – eine Tatsache, die angesichts eines jahrzehntelang dauernden Friedens in unserem Land und Sicherheit verheißender Errungenschaften wie dem medizinischen Fortschritt immer mehr in Vergessenheit geraten ist. Kein Wunder, dass sich dann schnell ÄNGSTE breit machen, sobald UNVORHERGESEHENES passiert, soziale Sicherungsnetze reißen oder persönliche Niederlagen einzustecken sind. Doch Konjunkturschwankungen, Arbeitslosigkeit, Scheidungen, Erdbeben, Terroranschläge und neue Krankheiten wie SARS werden immer zum Leben dazugehören.

Auch wenn Versicherungen uns eine Rundumabsicherung verkaufen wollen und Natur- und Biowissenschaften uns in ihrem Machbarkeitswahn vorgaukeln, alles wäre möglich – absolute SICHERHEIT kann und wird es nie geben, auch in Zukunft nicht. Möglicherweise wird die Welt von morgen sogar noch riskanter, wechselhafter, unsicherer. WER WEISS? Und in solch einer Welt kommt nur zurecht, wer sich auf Risiken einlässt.

> **Risiko** ist die Bugwelle des Erfolgs.
>
> [Carl Amery | *deutscher Erzähler*]

Unsere Kinder müssen deshalb lernen, mit Ungewissheit zu leben und bestimmte Dinge einfach als Schicksal zu akzeptieren. Ihre Erfolgskurve wird nicht immer nur steil nach oben gehen. Es wird auch TURBULENZEN, Schwankungen und vielleicht sogar massive Einbrüche geben. Und stets ist dabei Optimismus angesagt – und natürlich die Bereitschaft, immer wieder neue Risiken einzugehen. Sich ängstlich und handlungsunfähig im stillen Kämmerchen zu verkriechen ist nicht die richtige Antwort auf die künftigen **WECHSELFÄLLE** des Lebens. Nur Mut zum Risiko bringt voran. Wer nicht wagt, kann nicht gewinnen.

ZUKUNFTSTIPP

2

Risiken zulassen und aushalten

Kleine Leute können meist Gefahren recht gut einschätzen und tasten sich in der Regel langsam an neue Herausforderungen heran. Trauen Sie Ihrem Kind ruhig etwas zu. Verkneifen Sie sich das dauernde: »Das ist zu gefährlich. Dafür bist du noch zu klein«, wenn Ihre Tochter auf einen Baum klettern will. Ermutigen Sie sie stattdessen: »Prima, dass du dir das zutraust. Ich bleibe hier stehen. Sag Bescheid, wenn du meine Hilfe brauchst.« Greifen Sie nie vorschnell ein – auch wenn es Ihnen schwer fällt. Lassen Sie Ihr Kind seine Grenzen austesten. Und bewundern Sie es gebührend, wenn es einen neuen Schritt ins Ungewisse gewagt hat.

Ich-trau-mich-Punkte

Was wollte Ihr Kind immer schon mal machen – hat sich bisher aber nie getraut? Möchte es gern mal auf den großen alten Obstbaum in Omas Garten klettern? Eine Nacht allein draußen im Zelt schlafen? Oder sich endlich mal mit dem etwas älteren Jungen am Ende der Straße verabreden? Beraten Sie gemeinsam, welches Wagnis Ihr Sprössling eingehen möchte und wie er dabei am besten vorgehen kann. Hat er sich getraut, gibt's einen Glitzerstern. Den kann er auf ein »Ich-trau-mich-Plakat« in seinem Zimmer kleben, das Sie zusammen vorbereitet haben.

Verantwortungsgefühl: Für sich selbst und andere sorgen

Anderen die Schuld in die Schuhe zu schieben, wenn etwas nicht klappt, ist sehr BEQUEM – doch auf Dauer keine zukunftsträchtige Haltung. Die Ressourcen der Welt schrumpfen immer mehr. Die sozialen VERSORGUNGSSYSTEME brechen Stück für Stück zusammen. Die Staatskassen sind jetzt schon leer. Von Problemen in den weniger privilegierten Teilen der Erde gar nicht zu reden.

Sich darauf zu verlassen, dass sich alles schon von allein regelt, wäre nicht nur naiv, sondern auch verantwortungslos. Eine Haltung, die wir uns in Zukunft nicht mehr leisten können.

> Wir sind nur ein **kleines Teilchen** eines Ganzen, aber **jeder** hat eine unendlich **große Verantwortung**.
>
> [Konrad Lorenz | *österreichischer Verhaltensforscher*]

Wenn unsere Kinder ihre Lebensqualität sichern wollen, müssen sie deshalb selbst Verantwortung übernehmen. Sie müssen die Konsequenzen für ihr eigenes Handeln tragen, für ihre Fehler und Versäumnisse geradestehen. Sie müssen EIGENVERANTWORTUNG übernehmen, bereit sein, für sich selbst zu sorgen, statt immer nur andere Menschen, Solidargemeinschaften und den Staat in die Pflicht zu nehmen. Und sie müssen über ihren eigenen Tellerrand hinausschauen, sich ihrer Verantwortung für das Ganze bewusst sein: für ihre Mitmenschen, die Gesellschaft, die Umwelt.

ZUKUNFTSTIPP

Verantwortung beginnt im Kleinen

Ein guter Ort, um Verantwortungsbewusstsein zu lernen, ist die Familie. Kinder können hier schon früh ihren Beitrag leisten, damit diese Lebensgemeinschaft funktioniert. Beratschlagen Sie gemeinsam, welche Aufgaben Ihr Kind erledigen kann und will. Vielleicht möchte Ihr Sohn dafür verantwortlich sein, dass immer genügend Toilettenpapier bereitliegt. Und Ihre Tochter holt mittags die Post aus dem Briefkasten oder gießt die Blumen. Ermutigen Sie Ihr Kind, darüber hinaus »größere« Aufgaben zu übernehmen, zum Beispiel ab und an auf kleinere Geschwister aufzupassen oder der alten Nachbarin beim Einkaufen zu helfen. Und machen Sie immer wieder deutlich, dass Sie selbst sich für vieles verantwortlich fühlen – auch wenn es über die Angelegenheiten Ihrer Familie hinausgeht: »Beim Zähneputzen drehe ich den Wasserhahn wieder zu. Das spart Wasser und schont die Umwelt.«
Greifen Sie auch selbstverständlich ein, wenn jemand in Not gerät. Sprechen Sie in Gegenwart Ihres Sprösslings bewusst Menschen an, die hilfsbedürftig scheinen: »Sie sind wahrscheinlich fremd hier. Soll ich Ihnen auf der Karte den Weg zeigen?« Oder fragen Sie die alte Dame an der Ampel: »Möchten Sie, dass wir Ihnen über die Straße helfen?«

Klar: Einer von uns allein kann nicht die ganze Welt tragen. Doch wenn jeder seinen Teil beiträgt, sich als verantwortliches Mitglied einer Gemeinschaft, als **BÜRGER DIESER ERDE** begreift, lassen sich zukünftige Probleme garantiert besser lösen. So können unsere Kinder sich selbst Lebensqualität erhalten – und anderen auch.

Solidarität und Toleranz: Für ein gutes Miteinander

Leben nach dem Lustprinzip, Selbstverwirklichung total – Egoismus pur stand eine Zeit lang hoch im Kurs. Doch der Preis dafür war oft hoch: Beziehungslose Workaholics, frei und ungebunden, aber nicht selten auch einsam, die entwurzelt durch die Welt jetteten, waren keine Seltenheit. Stress, Aggressionen und Depressionen sind die Folge.

Heute ist klar, dass der Egotrip oft ins Abseits führt. Ein Weg, den unsere Kinder besser nicht gehen sollten. Zumal der **LEISTUNGSDRUCK** in Zukunft garantiert nicht weniger und der Überlebenskampf eher noch härter werden wird. Schließlich erben die Kids eine Welt mit großen Problemen: Die Schere zwischen arm und reich öffnet sich immer mehr und liefert so **SOZIALEN SPRENGSTOFF**. Den eigenen Lebensstandard auf einem gewissen Niveau zu halten wird schwieriger. Unsere Gesellschaft wird immer älter – die Renten unsicherer. Es droht ein Konflikt zwischen den Generationen. Der Staat übernimmt immer weniger soziale Aufgaben. Privatinitiative ist nötig.

»Im Namen der **Toleranz** sollten wir deshalb das Recht beanspruchen, die **Intoleranz** nicht zu tolerieren.«

[Sir Karl Raimund Popper | *österreichisch-englischer Philosoph*]

Solidarität ist gefragt; Hilfsbereitschaft, Mit-Menschlichkeit, Gerechtigkeitssinn und die Bereitschaft, nicht nur für sich selbst, sondern auch für die Gemeinschaft etwas zu tun, müssen selbstverständlich werden. Das kommt unserer Gesellschaft zugute. Unseren Kindern aber auch. Denn Helfen tut gut, sorgt sogar für einen Powerschub an physischer und psychischer Energie, den »**HELPER'S HIGH**«, wie amerikanische Sozialwissenschaftler es nennen. Und solidarisches Verhalten schafft nicht nur oberflächliche Kontakte, sondern enge Bindungen, dauerhafte Beziehungen. Das ist Networking der Zukunft. Wichtigste Voraussetzung dafür: **TOLERANZ**. Fremdenhass und engstirnige Ausgrenzung Andersdenkender können unsere Kinder sich im multikulturellen Alltagsleben nicht mehr leisten. Nur wenn sie tolerant sind, können sie künftig mit Menschen aller Nationalitäten, Hautfarben, Altersgruppen und sozialen Schichten friedlich und produktiv zusammen leben und arbeiten. Nur wenn sie Rücksicht auf Meinungen, Bedürfnisse und Gefühle anderer nehmen, sie akzeptieren, können sie ein gutes und solidarisches Miteinander erreichen. Und so auch Tag für Tag ihr eigenes Leben ungemein bereichern.

ZUKUNFTSTIPP

Helfen im Alltag – leben Sie es vor!

Was Solidarität bedeutet, können Kinder nur verstehen, wenn sie sie erleben. Möglichkeiten, sie vorzuleben, gibt es viele: Springen Sie ein, wenn Ihre Nachbarin krank ist, und versorgen Sie deren Kinder mit. Helfen Sie beim Kirchenbasar, dessen Erlöse der Behindertenwerkstatt zugute kommen. Finanzieren Sie die Ausbildung eines Kindes aus der Dritten Welt mit. Kleine Leute möchten gern helfen. Zeigen Sie Ihrem Sprössling deshalb, wie das gehen kann: Fragen Sie beispielsweise »Was glaubst du, wie du Murak helfen kannst?«, wenn Mitschüler den Klassenkameraden ausschließen – nur weil er anders aussieht als sie. »Philosophieren« Sie mit Ihrem Kind über Andersartigkeit, Eigentümlichkeiten und Schwächen. Am besten nehmen Sie sich einmal am Tag Zeit zum »Weltreden«, wie es in Matthias Horx' Familie heißt (↑ Seite 12). Wichtig dabei: Leben Sie selbst Toleranz und Solidarität vor.

Friedfertigkeit und Bescheidenheit: Besinnung aufs Wesentliche

Prunken, protzen, prahlen – das war gestern. Morgen steht unseren Kindern **BESCHEIDENHEIT** viel besser zu Gesicht. Denn sie schützt sie davor, sich selbst und die eigenen Perspektiven maßlos zu überschätzen. Früher galt Bescheidenheit als Zier. Unsere Kinder werden sie zum Überleben in der Zukunftsgesellschaft dringend brauchen. Nicht die aufgesetzte Geiz-ist-geil-Masche, sondern echtes Understatement, das auf dem tatsächlichen Wunsch nach **EINFACHHEIT** basiert. Je mehr Möglichkeiten das Leben jedem Einzelnen bietet, je gigantischer Konsum-, Medien- und Freizeitangebote werden, desto dringender brauchen unsere Kinder die Fähigkeit, **NEIN** sagen und sich selbst beschränken zu können. Nur wer Abstriche macht, vereinfacht, schafft die Work-Life-Balance. Und diese wird zum Zukunftsziel.

» Es gibt keinen **Weg zum Frieden**. Der **Frieden ist** der Weg. «

[Mahatma Gandhi | *indischer Staatsmann*]

Bescheidenheit ist aber auch die Basis für jedes rücksichtsvolle und tolerante Verhalten. Ohne sie kein Verantwortungsbewusstsein, keine Solidarität, kein **SOZIALES ENGAGEMENT** und kein Frieden: Nur wer bereit ist, eigene Interessen zurückzustecken, sich auch mit einem **KOMPROMISS** zufrieden zu geben, statt alles erreichen zu wollen, ist in der Lage, friedlich mit anderen zusammen zu leben.

Je mehr die Welt zusammenwächst, desto stärker sind alle voneinander abhängig. Da genügt oft schon ein kleiner Funke, damit Konflikte aufflammen. Diese wird es immer geben. Doch wer mutwillig und unversöhnlich einen Streit entfacht, riskiert, dass das gemeinsame Boot noch stärker ins Schlingern gerät, vielleicht sogar untergeht.

Friedfertigkeit muss deshalb in der Welt von morgen ein wichtiger Wert werden – in der großen Politik und Ökonomie ebenso wie im Kleinen: in Schule, Familie und Nachbarschaft. Denn die grundsätzliche Bereitschaft, Konflikte KONSTRUKTIV miteinander zu lösen, statt sie gewaltsam auszutragen, eröffnet neue Wege. Nur friedliche Lösungen bringen letztendlich alle voran. Wichtigste Voraussetzung dafür ist GEGENSEITIGES VERSTÄNDNIS – etwas, das trotz fortschreitender Vernetzung und Kommunikation oft immer noch fehlt. Stattdessen herrschen Sprach- und Verständnislosigkeit. Sich wirklich gegenseitig zu verstehen – das ist es, was unsere Kinder dringend lernen müssen. Nur so können sie sich eine friedliche Zukunft aufbauen.

ZUKUNFTSTIPP

Frieden: im Kleinen und im Großen

Gewalt ist – leider – überall: auf dem Schulhof, im Fußballstadion, in Computerspielen, in Vorabend-Fernsehserien. Sprechen Sie mit Ihrem Kind darüber und verharmlosen Sie nichts. Loben Sie friedfertiges Verhalten und erzählen Sie Geschichten von friedliebenden Menschen wie Martin Luther King und Mahatma Gandhi. Suchen Sie gemeinsam nach gewaltfreien Lösungen für Konflikte. Vor allem, wenn es in der Familie Streit gibt, sollten Sie sich bemühen, ihn friedlich, fair und konstruktiv zu schlichten. Gewalt muss zu Hause absolut tabu sein! Und zur Gewalt gehört auch: lästern, drohen, jemand lächerlich machen oder herabsetzen. Denn Worte können ebenso schmerzen wie Schläge. Loben Sie Bescheidenheit und ignorieren Sie Protzereien.

Zukunftswissen: Die 8 Schlüsselqualifikationen für morgen

→ Die Zukunft bietet unzählige Herausforderungen. Bestimmte Schlüsselqualifikationen werden unseren Kindern helfen, ihr Leben zu meistern: Flexibilität und Stressresistenz werden sie brauchen, um Unerwartetes zu bewältigen. Kommunikationsfähigkeit, Medienkompetenz, Teamgeist und Konfliktfähigkeit, um gemeinsam die Zukunft zu gestalten. Kreativität und Organisationstalent, um immer wieder innovative Problemlösungen zu finden.

Zukunftschancen: Nur mit Soft Skills

»Nomadic Workers«, »drifting jobs« und »Kultur der Selbstständigkeit« – zugegeben: Bei solchen Schlagworten aus Matthias Horx' Zukunftsvision wird uns Eltern doch etwas mulmig: Wie sollen unsere Kinder das bewältigen?

3

Mathematische Formeln, Spanischkenntnisse und Computerprogramme allein reichen bei weitem nicht aus, um dieser Welt von morgen gewachsen zu sein. Was unsere Kinder dringend zusätzlich brauchen, sind Eigenschaften und Einsichten, die sie wirklich **ZUKUNFTSFÄHIG** machen. Und dazu gehören künftig nicht nur mehr oder weniger vernetztes Faktenwissen und lebenslanges Lernen, sondern auch ganz persönliche Qualifikationen. Schon die UNESCO sah in ihrem 1996 veröffentlichten Bericht zur »Bildung für das 21. Jahrhundert« das ↑ **»LEBENSBEGLEITENDE LERNEN«** (Seite 35) nur als eine von vier tragenden Säulen. Als ebenso wichtig betrachten heute internationale Bildungsexperten, dass Kinder

- das Zusammenleben lernen
- lernen, sich einer Vielfalt von Situationen zu stellen, und
- lernen, ihre eigene Persönlichkeit zu begreifen.

All das sind Fähigkeiten, die vor allem im zwischenmenschlichen Miteinander wichtig sind – und dazu beitragen, dass unsere Kinder sich in einer Welt zurechtfinden, die immer komplizierter wird.

»Softe Fähigkeiten« als hartes Kriterium

Auf den Stundenplan für die Zukunft gehört also auch die Bildung der Persönlichkeit, zu »harten« Fakten müssen sich »weiche« Fähigkeiten gesellen. »SOFT SKILLS«, die unseren Kindern helfen, ihr Wissen erfolgreich einzusetzen. Erst diese Schlüsselqualifikationen werden den Kindern von heute die Türen in ihre Zukunft öffnen.

Schon heute sind sie die Zauberformel für Aufstieg und Erfolg. In der Wirtschaft stehen sie hoch im Kurs. Ausschlaggebend für das Vorwärtskommen im Beruf sind – wie Studien und Umfragen unter Personalchefs

Schlüsselqualifikationen helfen im Leben

1. Sie öffnen Türen, Herzen und Horizonte.
2. Sie erschließen neue Wege und Chancen.
3. Sie helfen, Aufgaben und Probleme zu lösen.
4. Sie tragen zum Verständnis in und von zwischenmenschlichen Beziehungen bei.
5. Soft Skills helfen, Kontakte zu knüpfen und Gespräche zu eröffnen.
6. Sie unterstützen die Selbstorganisation.
7. Soft Skills machen offen für Veränderungen.
8. Sie öffnen uns die Augen für die Welt und unsere Mitmenschen.

zeigen – nur zu 50 Prozent fachliche Kompetenz und Spezialkenntnisse. Die andere Hälfte sind»überfachliche« persönliche Qualitäten, die über Berufs- und Branchengrenzen hinweg gefragt sind. Das heißt: Schon heute sind ein Spitzenexamen, diverse Praktika und hervorragende Sprachkenntnisse allein keine Garantie mehr für eine steile Top-Karriere oder eine dauerhaft erfolgreiche berufliche Laufbahn. Soft Skills gehören in fast jeder Stellenanzeige zum Anforderungsprofil. Sie sind es, die bei zwei **BEWERBERN** mit gleicher fachlicher Qualifikation den Ausschlag geben. Ohne entsprechende Schlüsselqualifikationen bleibt selbst fachlichen Überfliegern auch jetzt schon der Weg nach oben verschlossen. Und sie werden in Zukunft garantiert noch wichtiger werden.

Je schneller Fachwissen veraltet, je vielfältiger die unterschiedlichen Arbeits- und Lebenswelten unserer Kinder werden, desto wichtiger werden übergreifende Fertigkeiten. Skills, mit denen sie sich im Alltags-Chaos orientieren, auf dem zwischenmenschlichen Parkett glänzen und ihre Zukunftsfähigkeit unter Beweis stellen können, werden immer häufiger gefragt sein. Sie sind das wirkliche Zukunftswissen.

» **Ohne** Wissen können wir nichts, **mit** Wissen aber auch **nicht immer** alles. «

[Prof. Dr. Elsbeth Stern | *Bildungsforscherin*]

Soft Skills sind der Zukunftsschlüssel, der die Tür in die Zukunft öffnet. Erst ein solches Zukunftswissen ist tatsächlich der Passepartout, der **UNIVERSALSCHLÜSSEL**, der unseren Kindern alle Türen in der Welt von morgen öffnet, der sie wirklich fit für die Zukunft macht.

Doch was genau gehört zu diesem Zukunftswissen? Welche soften Stärken brauchen unsere Kinder **ZUSÄTZLICH** zu Bildung und Schulwissen, um zukunftsfit zu werden? Wie muss der Zukunftsschlüssel aussehen, der auch übermorgen noch wirklich universelle Dienste leisten kann? Welches sind die Top-Skills, die wir unseren Kindern mitgeben sollten? Antworten auf diese Fragen finden Sie auf den folgenden Seiten – den Zukunftsschlüssel sehen Sie hier.

Der Zukunftsschlüssel

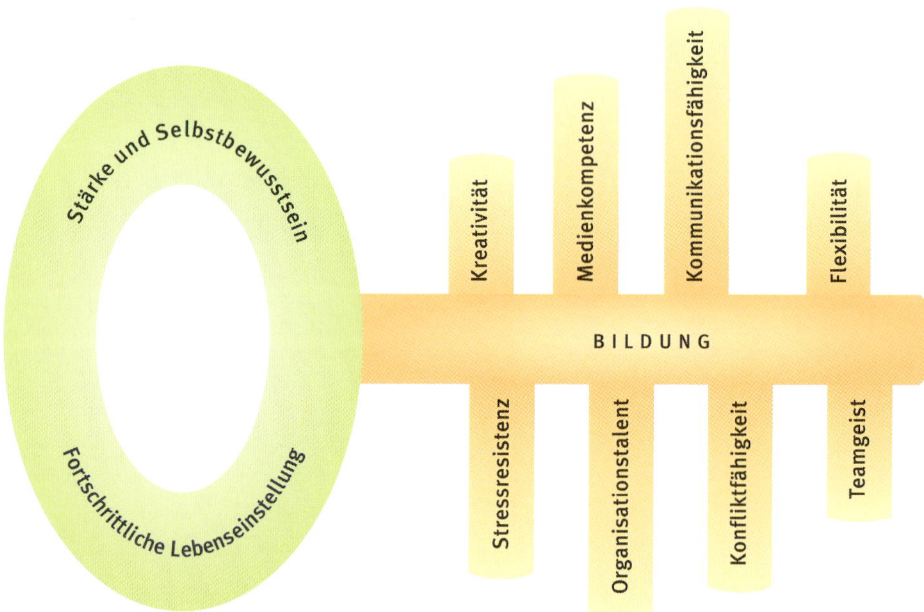

Dieser Zukunftsschlüssel zeigt, welche Eigenschaften in Zukunft wichtig sind: Bildung (↑ ab Seite 31), Stärke (↑ ab Seite 39), eine fortschrittliche Lebenseinstellung (↑ ab Seite 45) und die acht wichtigsten Schlüsselqualifikationen (↑ mehr dazu auf den folgenden Seiten).

Flexibilität: Immer in Bewegung

Heute schon wichtig – in Zukunft UNENTBEHRLICH: Flexibilität. Sie ist eine der wichtigsten Schlüsselqualifikationen für die Zukunft überhaupt. Flexibilität steht deshalb bei unseren Top-Anforderungen für die Welt von morgen an oberster Stelle. Denken Sie mal an Ihre eigene Kindheit zurück. Wahrscheinlich haben Sie diese komplett an einem Ort, vielleicht sogar in einem Haus verbracht. Eventuell leben Ihre Eltern immer noch dort. Und haben selbst ihr Leben lang in einem Beruf, nicht selten in einer Firma oder Behörde gearbeitet. Heute sieht das oft ganz anders aus: Jobwechsel, Umzüge, Scheidungen sind im Leben eines Kindes keine Ausnahmen mehr, sondern fast schon die Regel. Und es ist nicht anzunehmen, dass diese Entwicklung sich in den nächsten Jahren wieder umkehrt. Im Gegenteil: UNBESTÄNDIGKEIT, Schnelllebigkeit und mehr oder weniger umwälzende Veränderungen werden mit Sicherheit noch zunehmen. Doch je wechselhafter und vielfältiger unser Leben wird, je mehr Möglichkeiten und Chancen sich unseren Kindern eröffnen, je »multi-optionaler« ihr Alltag wird, desto flexibler müssen sie sein. Denn nur so können sie es schaffen, sich ihren ganz persönlichen Platz in unserer Gesellschaft zu erobern und ihre eigenen Lebensziele zu verwirklichen.

Schon heute ziehen viele junge Leute sofort von Hamburg nach München, von Peine nach Paris, wenn ein toller Job winkt. Oder sie schieben ein Schuljahr in den USA ein. Uneingeschränkte MOBILITÄT gilt fast als selbstverständlich. Wer sesshaft bleiben möchte, muss schon sehr gute Gründe vorweisen. Bereits heute machen Betriebswirtschafts-Studentinnen nebenbei ein Praktikum in einer Werbeagentur, verdienen sich abends durch Kellnern in einer Kneipe Geld, engagieren sich vielleicht am Wochenende ehrenamtlich im Umweltschutz und spielen in ihrer Freizeit Improvisationstheater.

»PATCHWORK-IDENTITÄTEN« nennt Matthias Horx solche Lebensentwürfe, in denen sich die einzelnen Aktivitäten wie Puzzlesteinchen zu einem Gesamtbild zusammenfügen, aber auch jederzeit austauschen und zu einem neuen Bild der Persönlichkeit zusammenbasteln lassen. Ganz nach LUST UND LAUNE – oder nach augenblicklichen Sachzwängen und Notwendigkeiten. Ein Spiel, das künftig noch populärer werden wird.

Wer in diesem multi-optionalen Persönlichkeits-Puzzlespiel erfolgreich mitmischen möchte, muss absolut flexibel sein.

Hinzu kommt, dass unsere Welt immer mehr zusammenwächst. Globalisierung heißt die ZAUBERFORMEL, die Unternehmen zunehmend auf internationaler Ebene aktiv werden lässt. Teams mit Mitarbeitern aus verschiedenen Ländern sind schon jetzt keine Seltenheit mehr. WELTWEITE VERNETZUNG sendet Informationen in Sekundenschnelle rund um den Erdball, und nationale Grenzen werden ständig durchlässiger. Die Folge: Unser alltägliches Leben wird immer multikultureller. Doch wer mit dem türkischen Gemüsemann von nebenan genauso gut klarkommen will wie mit dem alteingesessenen deutschen Bäcker aus dem Nachbarhaus, muss nicht nur tolerant, sondern auch sehr FLEXIBEL sein.

Unsere Kids müssen also lernen, alles und jedes ständig kritisch zu überdenken und an ihrer realen augenblicklichen Lebenssituation zu überprüfen. Und sie müssen dabei trotzdem optimistisch in die Zukunft blicken und Veränderungen nicht in erster Linie als Gefahr, sondern als etwas grundsätzlich Positives sehen. Sie müssen neuen Dingen, Ideen, Aufgaben und Menschen in Beruf, Gesellschaft und Freizeit offen begegnen und NEUGIERIG und lernbereit sein. Sie müssen lernen, schnell umzudenken, sich auf immer neue Situationen einzustellen und sich je nach Bedarf an die Gegebenheiten anzupassen. Nur wer so flexibel ist, wird fit für die Zukunft sein.

AUF EINEN BLICK

Flexibilität – das gehört dazu

Kinder brauchen Offenheit.

→ Sie bleiben neugierig und haben stets Interesse am Neuen, Unbekannten.
→ Sie sind bereit zu lebenslangem Lernen und dazu, sich mit neuen Ideen, Aufgaben und Menschen auseinander zu setzen.
→ Sie sind optimistisch im Hinblick auf die Zukunft.
→ Sie haben Lust auf Veränderungen und Weiterentwicklung.

Sie müssen anpassungsfähig sein.

→ Menschen der Zukunft müssen geistig und körperlich beweglich sein – Nachgiebigkeit statt Starrsinn ist gefragt.
→ Sie besitzen Intuition und können sich in andere Menschen und neue Situationen hineindenken.
→ Sie sind fähig, schnell umzudenken, sich auf Veränderungen einzustellen und haben Spaß an verschiedenen Rollen.

Kommunikationsfähigkeit:
Einander verstehen

Der zweite wichtige Zacken am Bart unseres Zukunftsschlüssels ist die Kommunikationsfähigkeit. Denn in der Welt von morgen werden INFORMATIONSAUSTAUSCH und Kommunikation beruflich wie privat eine zentrale Rolle spielen. Networking ist, so Matthias Horx, »die zentrale soziale Schlüsseltechnik« für die Zukunft. Unsere Kids brauchen deshalb später außer einem gewissen Talent zum Small-Talken auch eine ganze Palette sprachlicher Fähigkeiten und damit zusammenhängende sozial-intelligente Stärken. Denn wenn Ihr Kind es nicht schafft, sich einigermaßen geschickt auf dem kommunikativen Parkett zu bewegen, wird es sich kaum Gehör verschaffen, geschweige denn seine eigenen Interessen verständlich ARTIKULIEREN oder gar durchsetzen können.

Erinnern Sie sich noch an die Vor-Handy-Zeiten? Verabredungen, die einmal getroffen waren, wurden nicht kurz vorher noch fünfmal verschoben. Man musste einander auch nicht ständig per SMS über das Tagesgeschehen auf dem Laufenden halten und war ab und zu eben einfach nicht erreichbar. Heute fühlen sich junge Leute ohne ihr Handy wie auf eine einsame Insel katapultiert. Telefonieren, mailen, chatten, simsen – das ist ihr Lebenselixier. Das Problem dabei: Obwohl der KOMMUNIKATIONSFLUSS immer breiter wird, scheint er immer weniger Inhalte zu transportieren. Wer es nicht schafft, geschickt das für ihn Wichtige herauszufischen, geht hoffnungslos baden.

Unsere Kinder müssen deshalb nicht nur sprechen, sondern vor allem UNMISSVERSTÄNDLICH kommunizieren lernen. Sprache ist der

Schlüssel für unser gesamtes Zusammenleben, für privates Wohlfühlen ebenso wie für gesellschaftliche Anerkennung und berufliche Erfolge. Mit ihr können wir Informationen austauschen, Botschaften übermitteln, Forderungen stellen und Beziehungen zu anderen aufbauen. Doch mit dem Aneinanderreihen von Silben und Wörtern ist es nicht getan. Zur erfolgreichen Kommunikation gehört mehr.

Frei sprechen, klar und verständlich formulieren, unzweideutige Botschaften aussenden, sachlich diskutieren und gekonnt verhandeln – das ist die eine Seite. Wer aber wirklich etwas erreichen will, muss nicht nur selbst reden, sondern auch gut **ZUHÖREN** und nonverbale Signale empfangen können.

3

> Für ein **Gespräch** sind die **Ohren wichtiger** als die Zunge.
>
> [Thornton Wilder | *amerikanischer Schriftsteller und Dramatiker*]

Unsere Kinder müssen also lernen, trotz Dauerberieselung in wichtigen Situationen sofort voll auf Empfang stellen zu können. Und sie brauchen sehr feine Antennen, um Gesten, Mimik, Körperhaltung, Stimm- und Stimmungslage ihrer Gesprächspartner sensibel wahrnehmen und richtig interpretieren zu können. Nur so sind sie in der Lage, Reaktionen besser abzuschätzen und herauszufinden, wie sie selbst auf andere wirken.

Wer sich auf sein Gegenüber einstellt, findet eher mit ihm eine Wellenlänge. So lassen sich auch (Sprach-)Barrieren und Konflikte besser überwinden. Wer kontaktfreudig ist und offen auf andere zugeht, sammelt schnell kommunikative Pluspunkte. »Soziale« oder »emotionale Intelligenz« nennen Psychologen diese Fähigkeit, die unsere gesamte Kommunikation wesentlich mitbestimmt. Viele Experten sehen darin die entscheidende Qualifikation für die Zukunft. Das alles ist Grund genug, unseren Kindern echte Kommunikation wieder näher zu bringen – und ihnen so auch lebenswichtige soziale Stärken mit auf ihren Lebensweg zu geben.

AUF EINEN BLICK

Kommunikationsfähigkeit – das gehört dazu

Zukunftskinder verfügen über Sprachvermögen.

- Zum Sprechen gehören gute Ausdrucksfähigkeit, ein umfassender Wortschatz sowie die Fähigkeit, klare, verständliche Aussagen zu formulieren und deutliche Ich-Botschaften zu senden.
- Sprachlich fitte Kinder haben Übung im Diskutieren, Argumentieren und Verhandeln.
- Sie können eigene Worte durch nonverbale Kommunikation unterstreichen.

Sie können zuhören.

- Sie bemühen sich, Botschaften anderer exakt zu erfassen.
- Sie sind aufmerksam und konzentrieren sich auf das Gesagte.
- Sie besitzen Einfühlungsvermögen und sind fähig, Emotionen, Gestik, Mimik sowie die Körperhaltung des Gegenübers wahrzunehmen und in die Interpretation des Gehörten einzubeziehen.
- Sie lassen den anderen ausreden, hören aktiv zu und können das Gehörte in eigenen Worten wiederholen.

Sie sind kontaktfreudig.

- Sie sind offen und bereit, auf andere zuzugehen – und sie haben das so genannte Small-Talk-Talent.
- Sie sind bereit, Verständnis für andere aufzubringen.
- Sie verfügen über Anpassungsfähigkeit und soziale Kompetenz.

Medienkompetenz:
Sicher durch den Info-Dschungel

Die dritte ganz wichtige Schlüsselqualifikation ist die Medienkompetenz. Laut einer Studie[6] sind bereits heute 73 Prozent aller Bundesbürger der Meinung, dass sich unsere Kinder nur auf dem Arbeitsmarkt der Zukunft behaupten können, wenn sie mit dem Internet sicher umgehen können. Garantiert richtig. Denn Experten schätzen, dass in etwa zehn Jahren mehr als die Hälfte aller Beschäftigten in **INFORMATIONSBERUFEN** arbeiten werden. In etwa jeder zweiten deutschen Familie (51 Prozent) gilt deshalb schon jetzt die Devise, die Kids so früh wie möglich mit dem Medium Internet vertraut zu machen.

3

»Medien-Analphabeten werden wir uns auf Dauer nicht leisten können.«

[Prof. Dr. Horst W. Opaschowski | *Erziehungswissenschaftler*]

Dazu gehört mehr, als die Maustaste drücken und sich ins Weltweite Web einwählen zu können. In der **MULTIMEDIALEN WELT** von morgen werden sich unsere Kinder nicht nur im Hyperspace tummeln, sondern sich auch mit anderen Medien auseinander setzen müssen. Die Informationsflut wird noch gigantischere Ausmaße annehmen. Und wer nicht beizeiten lernt, sie nach seinen Bedürfnissen zu kanalisieren, wird hoffnungslos untergehen.

Welche Rolle spielte zum Beispiel das Fernsehen in Ihrem Leben, als Sie so alt waren wie Ihr Kind? Vielleicht waren Sie ein Serienfan und hatten einige Lieblingssendungen, die Sie nicht verpassen mochten. Aber statt 30 Programmen gab es nur drei, anfangs sogar nur in Schwarz-Weiß, und Kindersendungen wurden nur zu bestimmten Zeiten ausgestrahlt. Heute flimmern von morgens bis abends Programme für Kids über den Bildschirm, und der Kinderkanal sorgt dafür, dass es tagsüber keine Sendepause gibt. Jedes dritte Kind zwischen 6 und 13 Jahren besitzt sogar einen eigenen Fernseher! So kommt die Welt in bunten Bildern direkt ins Kinderzimmer. Eine große Gefahr – aber auch eine große CHANCE. Oder hätten Sie etwa gewusst, dass Eulen 14 Halswirbel haben und dass sie deshalb ihren Kopf so weit nach hinten drehen können?

Fragen Sie Ihr Kind. Wenn es regelmäßig spezielle Wissenssendungen für Kids im Fernsehen verfolgt oder bestimmte Internetadressen (↑ Anhang Seite 158) besucht, kennt es noch mehr solcher erstaunlicher Details aus Natur, Umwelt und Technik. Fernsehen und Internet können also, richtig genutzt, jede Menge Wissen vermitteln und unsere Kinder mit Dingen in Kontakt bringen, die sie sonst nie im Leben kennen lernen würden.

Auf der anderen Seite lauern beim Surfen und Zappen aber auch immense GEFAHREN. Pädophile, die in Chatrooms gezielt Kontakte zu Minderjährigen knüpfen, radikale Propaganda-Sites oder Kriegsberichterstattung in Großaufnahme – Kinder und Jugendliche kommen über die Medien heute allzu leicht mit Dingen in Kontakt, die ihnen schaden können. So sind harte Killerszenen auf dem Bildschirm, brutale Internetseiten mit zweifelhaftem Inhalt und »Ego-Shooter«, gewaltverherrlichende Videospiele, wie Studien inzwischen gezeigt haben, mitverantwortlich für aggressives Verhalten im täglichen Leben. Und die permanente REIZÜBERFLUTUNG verändert Wahrnehmung und Aufmerksamkeit der Kids drastisch. Prof. Dr. Horst W. Opaschowski spricht von der »KKK-Generation« der »Kurzzeit-Konzentrations-Kinder«, die nur noch Bilderfolgen scannen, um mit dem Tempo der digitalen Infoflut mitkommen zu können. Langsamkeit und Stille machen diese Kinder nervös, zappelig und hyperaktiv. Alles Verhaltensweisen, die sich später im Erwachsenenleben kaum noch korrigieren lassen. Die heutigen Net-Kids müssen also dringend von klein auf nicht nur das An-, sondern auch das ABSCHALTEN lernen.

»Das **Arbeiten am Computer** wird zur realen Möglichkeit, höchste **geistige Regsamkeit** mit einem konstanten, sozialen und **familienfreundlichen Umfeld** zu verbinden. Ich glaube, das ist die Zukunft für uns.«

[Prof. Dr. Dagmar Schipanski |
Thüringer Ministerin für Wissenschaft, Forschung und Kunst]

3

Klar müssen sie ohne High-tech-Scheu mit neuen Medien und moderner Kommunikationstechnologie umgehen können. Auch in den Weiten des Internets müssen sie zu Hause sein. Doch gleichzeitig müssen sie dringend lernen, VIRTUELLE WELTEN UND REALEN ALLTAG zu trennen. Und vor allem müssen sie wählerisch werden. Kritische User, die das überschwappende Angebot gezielt für ihre Interessen und Zwecke nutzen und sich nur das aus der Infoflut herausfischen, was sie tatsächlich brauchen. WENIGER IST MEHR sollte die Devise lauten. Mut zur Infolücke. Ab- statt umschalten, aus- statt einloggen, Vorauswahl statt Dauerberieselung, gezielte Datensuche und Reise von Link zu Link statt wahllosem Websurfen.

Nur wer mit Medien so souverän umgehen kann, entgeht dem zunehmenden Infostress. Denn nur kompetente und kritische User werden die weiter ansteigende Infoflut gut beherrschen und die Möglichkeiten von Medien und Informationskreislauf geschickt in ihrem Sinne zu nutzen wissen. Kinder, die das schaffen, gehören garantiert zur INFO-ELITE der Zukunft.

AUF EINEN BLICK

Medienkompetenz – das gehört dazu

Zukunftsfähige Kinder besitzen User-Wissen.

- Sie haben Erfahrung im Umgang mit allen wichtigen Medien und eine positive Einstellung gegenüber modernen Kommunikationstechnologien.
- Sie können Informationskanäle für die eigenen Interessen nutzen und Informationen darin gezielt suchen und weitergeben.

Sie wahren eine kritische Distanz zu Medien.

- Sie hinterfragen Inhalte und nehmen sie unter die Lupe und achten auch auf Qualität.
- Sie beschränken sich nicht auf ein Medium, sondern benutzen je nach Bedarf unterschiedliche Medien, zum Beispiel auch Bücher und Zeitschriften.
- Sie sind auch in der Lage, »traditionelle« Kommunikationsformen – wie Briefe und persönliche Gespräche – gleichberechtigt neben den neuen Kommunikationswegen zu nutzen.

Sie sind fähig, sich selbst zu beschränken.

- Kinder mit Medienkompetenz können ihre Mediennutzung insgesamt verringern, selbstständig abschalten und gezielt Pausen einlegen und selbst das Versenden von Informationen einschränken.
- Sie können eine gezielte Auswahl treffen, Informationen filtern und sich auf Wesentliches beschränken.
- Sie ziehen reale Erfahrungen den virtuellen vor.

Kreativität: außergewöhnliche Ideen und Visionen

Die vierte Top-Anforderung für die Welt von morgen heißt Kreativität: die geistige Flexibilität der Extraklasse. Je schnelllebiger unsere Welt wird, desto größer wird der Hunger nach Neuem. Und je komplizierter und vielfältiger das Leben, desto dringender wird die Suche nach innovativen Ideen und originellen Lösungen für Alltagsprobleme. **KREATIVE KÖPFE** werden deshalb künftig gefragt sein. Ebenso wie Querdenker, die ausgelatschte Gedankenpfade verlassen und Wege für eine komplett andere Sicht der Dinge bahnen. Diesen »neuen Wilden« gehört die Zukunft.

Überlegen Sie mal: Welche tollen Ideen hat Ihr Kind in den letzten Tagen ausgebrütet? War es vielleicht ein Miniroboter, der den Weg vorm Haus fegen soll? Oder ein Auto, das nur noch Wasser aus dem Hahn tanken muss? **ALLES HIRNGESPINSTE**, sagen Sie. Warum? Ohne verrückte Ideen gäbe es weder Glühbirne noch Flugzeug. Ohne ungewöhnliche Gedanken wären technologische Neuentwicklungen, Durchbrüche in Wissenschaft und Forschung oder bahnbrechende Kunstwerke undenkbar. Ohne Kreativität gäbe es keinen Fortschritt.

»Jedes Kind ist ein **Genie**.«

[Paul Suer | *Pädagoge und Familientherapeut*]

Kleine Leute sind von Natur aus überaus kreativ. Leider bremsen wir Erwachsenen ihre fantasievollen **HÖHENFLÜGE** allzu oft voreilig ab. Doch in einer Welt, die in Forschung und Technik zu den letzten geheimen Bastionen vorzudringen versucht, werden immer mehr

Jeder Mensch hat die Anlage **schöpferisch** zu arbeiten. Die meisten **merken** es nur **nicht.**

[Truman Capote | *amerikanischer Schriftsteller*]

Grenzen spielend überschritten. Nach dem Motto »Nichts ist unmöglich!« wird die Welt in den Köpfen kreativer Menschen neu erschaffen. Marsexpeditionen und Genchips sind bald nichts Besonderes mehr. Was kommt dann? Und wie lassen sich all diese Erkenntnisse zum Wohle der Menschen einsetzen? Mit solchen Fragen werden sich unsere Kinder beschäftigen müssen. Ebenso wie mit immer mehr Problemen, die der Fortschritt ebenfalls mit sich bringt. Je komplexer unser Alltag wird und je breiter das Spektrum an Aufgaben und Konflikten, desto einfallsreicher müssen künftige Generationen sein.

Wir Eltern sollten uns deshalb vor allem darum bemühen, unseren Kindern ihre Kreativität zu erhalten, sie sogar dazu anregen, ihrer FANTASIE Flügel wachsen zu lassen, statt diese selbst zu kappen. Denn mit Fantasie werden die Kinder von heute ihren Platz im Leben von morgen finden. Ideen, Einfälle, Visionen – das ist der Stoff, aus dem ZUKUNFTSTRÄUME und Lösungen für Zukunftsprobleme gemacht werden. Nur wer neugierig und offen für alles Neue ist, wird sich in solche Dimensionen vorwagen. Und nur die Neugierigen haben auch das Potenzial, aus gewohnten Denkmustern auszubrechen und zu Vordenkern zu werden.

Unsere Kinder brauchen künftig reichlich Mut, um LUFTSCHLÖSSER zu planen. Und sie brauchen kritisch-kreatives Denken, um reale

Wege für den Bau der erträumten Fantasiegebilde zu finden. Sie müssen Probleme als Herausforderungen betrachten, experimentierfreudig sein, bereit, alles in Frage zu stellen und aus ihren Fehlern und Irrtümern zu lernen. Sie müssen kooperativ gemeinsam mit anderen Ideen entwickeln und neue Wege beschreiten. Unsere Kinder müssen fähig sein, sich auch immer wieder bewusst zu entspannen. Sie müssen bereit sein, ihre Gedanken völlig frei in bisher nicht gedachte Richtungen strömen zu lassen. Und sie müssen lernen, fachübergreifend und in größeren Zusammenhängen zu denken. Dieses aus Kreativität geborene »ganzheitliche« Denken ist es, das künftig Fortschritte hervorbringt. Nicht nur Nach-, sondern vor allem auch QUERDENKER werden in Zukunft gefragt sein.

AUF EINEN BLICK

Kreativität – das gehört dazu

Kreative Kinder sind einfallsreich.

- Sie besitzen Neugier, Offenheit und Fantasie.
- Sie sind fähig, sich zu entspannen und Ideen »kommen« zu lassen.

Sie haben Freude am Experimentieren und Ausprobieren.

- Sie haben Spaß daran, Lösungen für verschiedene Probleme zu finden.
- Sie sind bereit, Fehler zu machen und daraus zu lernen.

Sie sind Meister des »Querdenkertums«.

- Sie sind bereit, alles in Frage zu stellen, neu zu überdenken – und traditionelle Denkmuster kritisch zu überprüfen.
- Sie besitzen die Fähigkeit, eine Sache aus verschiedenen Perspektiven zu betrachten und auch »mehrspurig« und ganzheitlich zu denken.
- Sie haben Spaß daran, Visionen zu entwickeln – und den Willen, Träume zuzulassen.

Teamgeist:

Zusammen geht es besser

Der nächste Punkt auf unserer Top-Liste softer Fähigkeiten heißt Teamgeist. Denn je komplizierter die Welt wird, desto komplexer werden die Probleme. Da bedarf es auch komplexer Lösungen – doch diese kann kaum jemand allein finden. Teamwork, heute schon gefragt, wird künftig unumgänglich sein. Sich schnell und unkompliziert in eine Gruppe integrieren zu können ist die wichtigste Voraussetzung, um zum TEAMPLAYER zu werden. Nur wer es schafft, nicht abseits zu stehen, kann seine Fähigkeiten einbringen und so erfolgreich mit anderen zusammen etwas erreichen – sei es in der Sandkiste oder später bei der Lösung eines Software-Problems. Nur wem es dank seiner guten kommunikativen Fähigkeiten leicht gelingt, neue Kontakte zu knüpfen und Beziehungen aufzubauen, ist gruppenfähig. Doch damit die KOOPERATION reibungslos klappt, muss wirklicher Teamgeist herrschen. Ganz nach dem Motto »Einer für alle – alle für einen« statt »Jeder ist sich selbst der Nächste«. Denn nur wenn alle akzeptieren, dass sie gemeinsam stärker sind als einer allein, ist das Team unschlagbar – und auch für die Bewältigung kompliziertester globaler Probleme in turbulent-hektischen Zeiten geeignet. Zusammen gewinnen, »Win-win«, nicht auf Kosten anderer, heißt die Erfolgsformel der Zukunft. Der Boom der Einzelkämpfer-Gesellschaft geht zu Ende. Egotrip pur ist out. Den können wir uns in Zukunft nicht mehr leisten. Sozial-klug und damit zukunftsfähig ist nur ein gesunder Mix, »SYN-EGOISMUS« genannt.

Unsere Kinder müssen deshalb lernen, Verhaltensregeln in einer Gruppe zu akzeptieren und gemeinsame Ziele wie ihre eigenen zu vertreten. Sie

Eintrittskarte Offenheit

Haben
Sie das schon mal beobachtet?
Mehrere Kinder sitzen zusammen in der Sandkiste. Da kommt ein Junge daher, steht still und etwas hilflos daneben, beobachtet die anderen eine ganze Weile und fragt dann zaghaft, ob er mitmachen darf. Die anderen beachten ihn gar nicht, und er schafft es einfach nicht, mit ihnen in Kontakt zu kommen. Ein anderer Junge läuft auf die Sandkiste zu, erfasst blitzschnell die Situation und mischt sich freundlich lachend sofort ins Spiel. Nach wenigen Augenblicken ist er mittendrin, obwohl er die anderen Kinder vorher ebenso wenig kannte wie der kleine Zauderer.

müssen tolerant und solidarisch sein, immer bereit, ihre persönlichen Interessen zugunsten der »Wir-Ziele« des Teams zurückzustellen. Sie müssen einfühlsam sein und ein offenes Ohr für andere haben, sensibel wahrnehmen und zuhören. Sie müssen in unterschiedliche Rollen schlüpfen und je nach Bedarf verschiedene Aufgaben und Funktionen in der Gruppe übernehmen können. Und sie müssen ihr eigenes Verhalten selbstkritisch überdenken und sich selbst auch mal nicht so wichtig nehmen können. Eine gute Portion Bescheidenheit und eine Prise SELBSTIRONIE stehen Syn-Egoisten besonders gut. Das ist es, was sie dann nicht nur teamfähig macht, sondern auch sympathisch und anziehend. Teamplayer, die fähig sind, ganze Gruppen zusammenzuschweißen und soziale Verantwortung zu übernehmen.

Wer das schafft, kann nicht nur Erfolge mit seinem Team verbuchen, er gewinnt auch für sich persönlich: ein dauerhaftes HILFS-NETZWERK, enge soziale Bindungen und das wunderbare Gefühl, gemeinsam mit anderen etwas Tolles geleistet zu haben. Kurz: ein gutes Stück persönliche Zufriedenheit und LEBENSQUALITÄT – etwas, das unseren Kindern künftig nur gut tun kann.

AUF EINEN BLICK

Teamgeist – das gehört dazu

Teamplayer brauchen Kooperationsfähigkeit.

- Sie sind kontaktfreudig, kommunikationsfähig und solidarisch.
- Sie zeigen Engagement fürs Team und die Bereitschaft, eigene Interessen den gemeinsamen Zielen unterzuordnen.
- Sie sind fähig, unterschiedliche Rollen im Teamwork zu übernehmen.

Die Zukunft verlangt Syn-Egoisten.

- Diese sind flexibel, loyal und hilfsbereit.
- Syn-Egoisten sind auch sensibel, einfühlsam und bescheiden.
- Sie sind fähig zu selbstkritischem Denken und Selbstironie.
- Sie können intensive Beziehungen knüpfen und pflegen.
- Sie verfügen über soziales Bewusstsein und die Bereitschaft, (soziale) Verantwortung zu übernehmen.

Konfliktfähigkeit:
Auch streiten muss man lernen

Die nächste wichtige Schlüsselqualifikation für die Zukunft ist Konfliktfähigkeit. Je tiefgreifender die Umwälzungen in der Welt werden, desto mehr **ZÜNDSTOFF FÜR AUSEINANDERSETZUNGEN** wird es geben – in der Gesellschaft insgesamt ebenso wie im Berufsleben oder zu Hause: Die Schere zwischen Arm und Reich, zwischen Berufstätigen und Arbeitslosen, zwischen Jung und Alt wird noch weiter auseinander klaffen. Der Sozialstaat ist schon jetzt in der Krise. Die Ressourcen unserer Erde werden immer knapper. Globalisierung und multikulturelles Zusammenleben bringen **REIBEREIEN** mit sich. Stress und Hektik bestimmen den Alltag, und auch in privaten Beziehungen kriselt es immer häufiger. In der Welt von morgen wird es also jede Menge Konfliktstoff geben. Dieses »Erbe« müssen unsere Kinder bewältigen. Das können sie nur, wenn sie von klein auf lernen, Konflikte nicht unter den Teppich zu kehren, sondern konstruktiv mit ihnen umzugehen. Eine Fähigkeit, die sich bei der Arbeit in einem Team ebenso auszahlt wie in privaten Auseinandersetzungen. Wer konflikterprobt ist, der wird auch in einer krisengeschüttelten Zukunftswelt nicht so schnell aus der Bahn geworfen. Er kann als **KRISENMANAGER** und vermittelnder Mediator sogar dazu beitragen, dass aus gefährlichen Funken kein Flächenbrand entsteht.

»Konflikte sind ein hervorragender Lehrmeister. Die Seele eines Kindes kann ohne sie gar nicht reifen.«

[Wolfgang Bergmann | *Lern- und Kinderpsychologe*]

Nur wer eine Konfrontation nicht scheut, wer bereit ist, Unstimmigkeiten anzupacken, ist wirklich konfliktfähig. Unsere Kinder müssen deshalb schon früh lernen, Konflikte nicht als Riesenkatastrophe zu betrachten, sondern als CHANCE. Und sie müssen üben, über Konflikte nachzudenken und fantasievoll Lösungen zu suchen.

Kurze Selbstkontrolle

Wie gehen Sie selbst eigentlich mit Konflikten um? Drohen Sie und versuchen, mit Macht Ihre Interessen durchzusetzen? Oder geben Sie schnell nach – um des lieben Friedens willen? Nehmen Sie vor jedem möglichen Streit schnell Reißaus? Oder gelingt es Ihnen, ruhig und sachlich mit Ihrem Kontrahenten das Problem beim Schopf zu packen? Jeder von uns hat seinen eigenen Konfliktstil. Doch meist ist es gar nicht so einfach, eine gute Lösung zu finden – vor allem, wenn unsere Gefühle hochkochen und Unmengen zerschlagenen Porzellans uns den Weg zu einer einvernehmlichen Regelung verstellen. Kneifen nützt jedoch auch nichts. Denn dann wird der Streit garantiert erneut aufbrechen.

Wir Eltern sollten deshalb auch der Auseinandersetzung mit unserem Nachwuchs nicht aus dem Weg gehen. Denn nur wenn die Kids – durch unser Vorbild – frühzeitig lernen, Konflikte RUHIG UND SACHLICH anzugehen und erfolgreich zu lösen, werden sie mit der Zeit konfliktfähig. Unsere Kinder brauchen STREITKULTUR statt falschem Harmoniebedürfnis. Nur wenn sie ohne Schuldzuweisung, aggressiven Unterton oder Überheblichkeit auf den Standpunkt ihres

Kontrahenten eingehen und eine für alle akzeptable Lösung suchen, lässt sich so manche kritische Situation entschärfen, bevor sie endgültig eskaliert. Nur wenn sie **FAIR** streiten, ziel- und **LÖSUNGSORIENTIERT**, immer darauf bedacht, einen Ausgleich der unterschiedlichen Interessen auszuhandeln, ohne dafür ihre eigene Position komplett aufzugeben – nur dann sind sie für den gesellschaftlichen Nahkampf gut gerüstet. Nur dann können sie sich erfolgreich **IM LEBEN BEHAUPTEN**. Heute und in Zukunft.

AUF EINEN BLICK

Konfliktfähigkeit – das gehört dazu

3

Konfliktfähige Menschen sind bereit, sich Auseinandersetzungen zu stellen.

- Sie betrachten Konflikte nicht als Krise, sondern als Chance.
- Sie versuchen, Konflikten vorzubeugen, sind aber bereit, nötige Auseinandersetzungen auszutragen, statt sie um jeden Preis zu vermeiden.
- Sie können den eigenen Standpunkt klar vertreten und sind kritikfähig.

Sie sind fähig, Konflikte zu lösen.

- Sie sind auch in kritischen Situationen ruhig und sachlich, vermeiden Schuldzuweisungen und aggressives Verhalten.
- Sie können Konflikte durchdenken und Lösungen suchen.
- Sie sind fähig, den Standpunkt des Kontrahenten anzuerkennen und den Willen zur Einigung zu zeigen.
- Sie sind bei der Lösung auf Ausgleich bedacht, streiten fair und können verhandeln.

Organisationstalent:
Gut geplant – alles im Griff

Bei unseren Top-Anforderungen für die Zukunft darf natürlich auch das Organisationstalent nicht fehlen. Denn in einer Welt, in der es kaum noch eingefahrene Wege gibt, muss jeder sein Leben selbst in die Hand nehmen. Jeder wird seines Glückes eigener Schmied.

Die Welt von morgen ähnelt einem **COMPUTERSPIEL** mit vielen verschiedenen Möglichkeiten. Nur wer es schafft, seinen Alltag wirklich gut in den Griff zu bekommen und das Chaos um sich herum in seinem Sinne zu ordnen, kann sein Leben und seine Zukunft erfolgreich gestalten.

Ein optimales »Testfeld« für Ihre eigenen organisatorischen Fähigkeiten sind übrigens Kindergeburtstage: Da werden Wochen vorher schon Ideen gesammelt, Spiele ausgedacht, die Gästeliste zusammengestellt, Einladungen und Dekorationen gebastelt und Preise organisiert. Und obwohl der Planungsaufwand oft dem zur Vorbereitung eines Staatsbesuches gleicht, geht trotzdem garantiert jedes Mal am Ende doch noch etwas schief ...

Eltern, die die Schlacht um Gummibärchen und Luftballons wenigstens ohne größere Blessuren, Tränen und Wutausbrüche bei Geburtstagskind und Gästen hinter sich bringen möchten, müssen nicht nur gewiefte **KONFLIKTMANAGER UND SHOWTALENTE**, am besten Sparte Comedy, sondern auch begnadete Organisationsgenies sein: klare Ziele vor Augen haben, knallhart Prioritäten setzen und so Struktur ins Chaos bringen. Wichtigste Voraussetzung dafür: analytisch denken zu können. Zusammenhänge, auch über den Augenblick hinaus, erkennen, Konsequenzen daraus ziehen und entsprechend strategisch planen – das zeichnet Organisationstalente aus. Und noch etwas gehört dazu: eine gehörige Portion SELBSTDISZIPLIN und Durchhaltevermögen.

Nur wer es schafft, angesichts eines Bergs von Arbeit nicht gleich in Panik auszubrechen, sondern sich stattdessen immer wieder selbst zum Weitermachen motivieren kann, wird seine organisatorischen Fähigkeiten auch tatsächlich effektiv einsetzen. Wer dann noch Techniken beherrscht, Prioritäten zu setzen und Arbeiten zu strukturieren, um seine Zeit gut einzuteilen, hat schon gewonnen.

Unsere Kinder müssen also lernen, VERANTWORTUNG für ihr eigenes Handeln zu übernehmen und Rückschläge auch mal wegzustecken. Wer bei der ersten schlechten Zensur die Schule schmeißt, wird das Abitur nie schaffen. Sich selbst unter Kontrolle zu haben ist der erste

Wenn du ein Schiff bauen willst,
dann rufe nicht die Menschen zusammen,
um Pläne zu machen, Arbeit zu verteilen,
Werkzeug zu holen und Holz zu schlagen,
sondern lehre sie die Sehnsucht
nach dem weiten, endlosen Meer.

[Antoine de Saint-Exupéry | *französischer Schriftsteller*]

Schritt dazu, sein eigenes Tun und sein Leben zu organisieren. Sich selbst zu motivieren, immer wieder neu anzutreiben ist der Motor, der letztendlich voranbringt. Und Kids, die das schon früh üben, haben später garantiert das nötige Rüstzeug, um auch hochgesteckte Ziele mit Elan und organisatorischem Geschick anzupeilen – und zu erreichen. Solche »Macher« müssen keine Angst vor der Zukunft haben. Sie werden keine Probleme haben, ihr Lebensdrehbuch zu schreiben und selbstbewusst die Regie in ihrer eigenen Lebensstory zu übernehmen. Und sie müssen keine Scheu haben, dabei auch mal **NACH DEN STERNEN** zu greifen.

AUF EINEN BLICK

Organisationstalent – das gehört dazu

»Macher« können methodisch denken und handeln.

- Sie können Zusammenhänge erkennen und analysieren.
- Sie können Aufgaben realistisch einschätzen und strukturieren, sinnvolle Teilschritte und Ziele festlegen.
- Sie beherrschen verschiedene Arbeitstechniken.
- Sie können selbstständig entscheiden und handeln.
- Sie kontrollieren und interpretieren ihre Erfolge.

Organisationstalente haben Selbstdisziplin.

- Sie können Prioritäten setzen und haben ihr Zeitmanagement im Griff.
- Sie sind ausdauernd, zielstrebig und können sich selbst motivieren.
- Sie sind in der Lage, auch nach Rückschlägen weiterzumachen.

Stressresistenz: Einfach gelassen bleiben

Der letzte Zacken am Bart unseres Zukunftsschlüssels ist die Stressresistenz. Eine softe Fähigkeit, die unsere Kinder dringend brauchen, um sich von der Hektik und Schnelllebigkeit der Welt von heute und morgen nicht anstecken zu lassen. Denn nur wer robust genug und seelisch STABIL ist, kann den zunehmenden Leistungsdruck und die ständige Reizüberflutung verkraften. Und nur wer es schafft, dem wachsenden Stress der Zukunft ein gutes Stück GELASSENHEIT entgegenzusetzen und Anspannung und Zeitdruck unverkrampft zu begegnen, hat gute Chancen, ein gesundes, zufriedenes und glückliches Leben zu führen.

3

»Der Mensch braucht **Stunden**, wo er sich sammelt und **in sich hineinlebt**.«

[Albert Schweitzer | *Theologe und Arzt*]

Können Sie sich noch an Ihre eigene Schulzeit erinnern? Klar, vor wichtigen Klassenarbeiten gab es sicher auch damals schon Stress. Aber sonst? Schule, Hausaufgaben, vielleicht Klavierunterricht oder Fußballtraining – doch darüber hinaus hatten Kinder früher noch recht VIEL ZEIT: zum Spielen, Musik hören, Lesen, um Freunde zu treffen oder um sich zu langweilen. Kein prall gefüllter Terminkalender, kein hyperaktives Hin- und Herhetzen, keine Dauerberieselung durch TV, Computer, Video. Wir konnten schlicht und einfach auch ab und zu mal abschalten.

Heute sieht das oft ganz anders aus: Da können Grundschüler schon nicht mehr ohne Timer leben. Zum Schul- hat sich der **FREIZEITSTRESS** gesellt. Die alltäglichen Belastungen – »daily hassles«, wie die Psychologen sie nennen – machen uns und unseren Sprösslingen immer mehr zu schaffen. So klagen laut Studien bereits mehr als 60 Prozent aller Kinder und Jugendlichen über Erschöpfung und Stress. Keine gute Basis für ein Erwachsenenleben, in dem die »daily hassles« garantiert noch größer werden! Denn die täglichen Anforderungen in Beruf, Privat- und Familienleben werden in Zukunft weiter zu- statt abnehmen. Und damit werden auch Hektik, Zeitdruck und Stress weiter wachsen.

Unsere Kinder brauchen deshalb dringend ein gewisses Maß an Stressresistenz. Eine eigene **INNERE KRAFT**, eine Schutzhülle, die einiges abprallen lässt. Robust und widerstandsfähig müssen sie sein, überzeugt davon, dass sie ihr Leben selbst in der Hand haben. Dann gelingt es ihnen, sich auch in frustreichen Situationen selbst neuen Mut zuzusprechen und sich nicht in eine Opferrolle katapultieren zu lassen. Positiv denken heißt die Devise, die die **FRUSTRATIONSSCHWELLE** hebt. Vertrauen in die eigenen Möglichkeiten, gepaart mit einer Portion gesunden Humors – das ist das Erfolgsrezept, das wir unseren Kindern mitgeben sollten.

Wenn sie es dann noch schaffen, sich aktiv zu entspannen, haben unsere Kinder den Kampf gegen den Zukunftsstress schon fast gewonnen. Wichtig ist dafür nicht nur, Entspannungstechniken zu beherrschen: Sie müssen auch lernen, ihre Energie auf das Wesentliche zu konzentrieren und alles Nebensächliche loszulassen.

Kinder müssen lernen, Stille zu ertragen: leere, dunkle Bildschirme – und Ruhe zu genießen. Sie müssen lernen, sich auch mal auszuklinken, ohne ständig Angst zu haben, etwas zu verpassen. Weniger ist mehr – dieses Motto müssen sie verinnerlichen. Und sie müssen es schaffen, ihr Leben zumindest zeitweise zu entschleunigen. Nur wer sich seinen eigenen RHYTHMUS nicht durch die Schnelligkeit von Computerspielen und Internet diktieren lässt, kann letztendlich die Geschwindigkeit seines Lebens selbst bestimmen. Nur so können unsere Kinder ihre ureigene Balance zwischen Be- und Entlastung finden, ihren ganz persönlichen Maßstab für ihr Wohlbefinden. Und den werden sie dringend brauchen. Denn nur wenn unsere Kinder es schaffen, engagierte Aktivisten, Entspannungsmeister und LEBENSKÜNSTLER zu sein, werden sie in der Welt von morgen überleben – gesund, zufrieden und glücklich.

AUF EINEN BLICK

Stressresistenz – das gehört dazu

Stressresistente Menschen sind gelassen.

- Sie sind robust und haben eine hohe Frustrationstoleranz.
- Sie sind fähig, sich selbst zu ermutigen.
- Sie haben Vertrauen in die eigenen Fähigkeiten, denken positiv und besitzen Humor.

Sie können sich bewusst entspannen.

- Sie beherrschen Entspannungstechniken und können diese gezielt einsetzen.
- Sie sind in der Lage, sich auf das Wesentliche zu besinnen und auch mal loszulassen.
- Sie können sich ab und an zurückziehen, die Stille ertragen und Ruhe genießen.
- Sie entsprechen ihrem eigenen Lebensrhythmus.

Sie haben die Balance gefunden.

- Ausgeglichene Menschen achten auf die Ausgewogenheit von Be- und Entlastung.
- Sie sind fähig, genau das richtige Maß für das eigene Wohlbefinden zu erspüren.

Ist Ihr Kind fit für die Zukunft?

Wie steht es mit dem Zukunftswissen Ihres Kindes? Ist es für seine Reise in die Welt von morgen schon gut gerüstet? Mithilfe des folgenden Fragebogens können Sie sich einen Überblick über einige Stärken Ihres Kindes verschaffen und so feststellen, wo vermutlich noch Förderbedarf ist.

	1 MEIST	2 HÄUFIG	3 MANCHMAL	4 NIE
Flexibilität				
Mein Kind kann sich schnell auf neue Situationen einstellen.	○	○	○	○
Es experimentiert gern.	○	○	○	○
Es ist neugierig auf Veränderungen.	○	○	○	○
Es schlüpft gern mal in andere Rollen.	○	○	○	○
Es reist gern / besucht gern jemanden.	○	○	○	○
Es schläft problemlos bei Verwandten oder Freunden.	○	○	○	○
Es interessiert sich für viele Dinge.	○	○	○	○
Es kann sich auf andere Menschen einstellen.	○	○	○	○
Gesamtpunktzahl:				□
Kommunikationsfähigkeit				
Mein Kind denkt sich Geschichten aus und erzählt sie.	○	○	○	○
Es kann die Regeln bekannter Spiele erklären.	○	○	○	○
Es kann seine eigenen Interessen ausdrücken.	○	○	○	○
Es kann anderen zuhören.	○	○	○	○
Es besitzt Verhandlungsgeschick.	○	○	○	○

	1 MEIST	2 HÄUFIG	3 MANCHMAL	4 NIE
Es ist gern »Anwalt in eigener Sache« (löst seine Probleme selbst).	○	○	○	○
Es kann seine Handlungsweisen begründen.	○	○	○	○
Es kann Gefühle sprachlich ausdrücken.	○	○	○	○
Gesamtpunktzahl:				□

Medienkompetenz

Mein Kind bedient das Fernsehgerät.	○	○	○	○
Es wählt gezielt Sendungen aus.	○	○	○	○
Es schaltet den Fernseher auch freiwillig wieder aus.	○	○	○	○
Es programmiert den Videorecorder.	○	○	○	○
Es bedient den Kassettenrecorder, CD- oder DVD-Player.	○	○	○	○
Es spielt konzentriert Videospiele.	○	○	○	○
Es kann mit einem Computer umgehen.	○	○	○	○
Es kann gezielt im Internet surfen und nach Informationen suchen.	○	○	○	○
Gesamtpunktzahl:				□

Kreativität

Mein Kind ist gern gestalterisch mit Steinen, Holz und anderen Materialien tätig.	○	○	○	○
Es denkt sich selbst Spiele aus.	○	○	○	○
Es hat Träume und entwickelt Visionen.	○	○	○	○
Es bevorzugt gestaltbares Spielmaterial.	○	○	○	○
Es hat eine Vorliebe für Rollenspiele.	○	○	○	○
Es verkleidet sich gern.	○	○	○	○

	1 MEIST	2 HÄUFIG	3 MANCHMAL	4 NIE
Es funktioniert häufig Gegenstände um.	○	○	○	○
Es hat eine lebhafte Fantasie.	○	○	○	○
Gesamtpunktzahl:				□

Teamgeist

Mein Kind kann sich gut in eine Gruppe einfügen.	○	○	○	○
Es knüpft schnell Kontakte.	○	○	○	○
Es ist anderen gegenüber offen.	○	○	○	○
Es kann gemeinsam mit anderen ein Ziel verfolgen.	○	○	○	○
Es spielt gern mit Kindern anderer Nationalitäten.	○	○	○	○
Es bringt Verständnis für andere auf.	○	○	○	○
Es kann eigene Wünsche und Bedürfnisse zurückstellen.	○	○	○	○
Es ist hilfsbereit.	○	○	○	○
Gesamtpunktzahl:				□

Konfliktfähigkeit

Mein Kind geht Konflikten nicht aus dem Weg.	○	○	○	○
Es kann Konflikte erkennen und benennen.	○	○	○	○
Es kann fair streiten.	○	○	○	○
Es kann Konflikte anderer schlichten.	○	○	○	○
Es löst Konflikte ohne die Hilfe Erwachsener.	○	○	○	○
Es verträgt Kritik.	○	○	○	○
Es kann kritisieren, ohne zu verletzen.	○	○	○	○
Es übernimmt Verantwortung für das eigene Tun.	○	○	○	○
Gesamtpunktzahl:				□

	1 MEIST	2 HÄUFIG	3 MANCHMAL	4 NIE
Organisationstalent				
Mein Kind macht selbstständig Hausaufgaben.	○	○	○	○
Es übernimmt im Haushalt Verantwortung und kleine Aufgaben (Mülleimer leeren, Blumen gießen).	○	○	○	○
Es erledigt Aufgaben zielgerichtet.	○	○	○	○
Es kann Pläne aufstellen.	○	○	○	○
Es kann die eigene Geburtstagsfeier organisieren.	○	○	○	○
Es kann selbstständig einkaufen.	○	○	○	○
Es kann eine Mahlzeit vorbereiten.	○	○	○	○
Es kann einen Tisch festlich decken.	○	○	○	○
Gesamtpunktzahl:				☐
Stressresistenz				
Mein Kind fühlt sich in seiner Haut wohl.	○	○	○	○
Es muss sich nicht ständig mit anderen Kindern vergleichen.	○	○	○	○
Es kennt seine Stärken und Schwächen.	○	○	○	○
Es spürt selbst, wenn es müde ist, und gönnt sich dann auch Schlaf.	○	○	○	○
Es ist meist fröhlich und ausgeglichen.	○	○	○	○
Es zieht sich zurück und sucht Ruheinseln.	○	○	○	○
Es kann sich entspannen.	○	○	○	○
Es empfindet Kritik als hilfreich.	○	○	○	○
Gesamtpunktzahl:				☐

Auswertung: Welche Zukunftsstärken hat Ihr Kind?

Rechnen Sie nun für jede Eigenschaft den Mittelwert aus. Dafür addieren Sie die 8 Werte und teilen die Gesamtpunktzahl durch 8. Ein Beispiel: Haben Sie bei »Organisationstalent« 1, 4, 4, 2, 2, 3, 3,1 angekreuzt, kommen Sie auf einen Mittelwert von 2,5. Setzen Sie nun in der Grafik auf Seite 95 an der entsprechenden Stelle jeweils ein Kreuz. Je näher am Zentrum sich die Kreuze befinden, umso kompetenter ist Ihr Kind auf dem betreffenden Gebiet bereits. Nähert sich ein Kreuz der grünen Zone, sollten Sie etwas für die Förderung in diesem Kompetenzbereich tun. Anregungen dafür finden Sie im nächsten Kapitel.
Es ist völlig normal, wenn die Kreuze sehr unterschiedlich platziert sind. Begabungen sind nun einmal unterschiedlich. Wenn Sie die Kreuze miteinander verbinden, erhalten Sie einen guten Überblick. Wiederholen Sie den Test nach einem halben Jahr. Dann können Sie sehen, wo es Entwicklungen gegeben hat. Bedenken Sie aber bitte: Diese Einschätzung ist immer subjektiv!

So könnte die Checkliste aussehen:

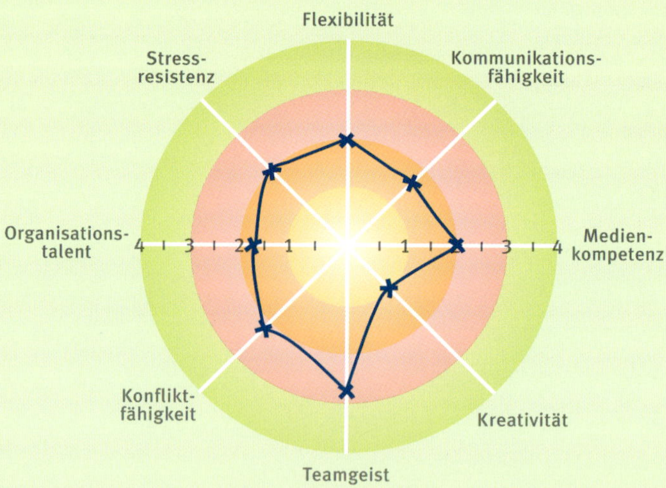

Die Auswertung für Ihr Kind

In dieser Grafik können Sie die Werte Ihres Kindes eintragen. Verbinden Sie die Punkte dann. Wo sehen Sie noch Schwächen, also deutliche »Zacken«? In diesen Bereichen können Sie Ihr Kind gezielt unterstützen.

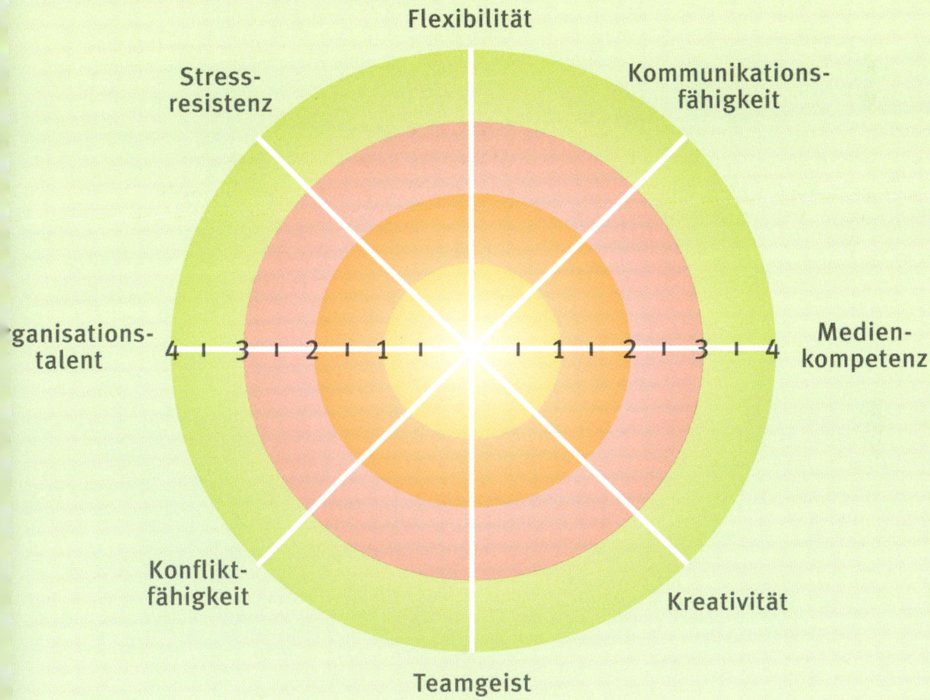

3

So wird Ihr Kind fit für die Zukunft

4

→ Sie wissen nun, welche Eigenschaften Ihr Kind in Zukunft besonders brauchen wird. Um sie Ihrem Kind zu vermitteln, ist nicht ein Trimmen oder Dressieren gefragt, sondern ein COACHING für die Zukunft: Ihren Weg müssen unsere Kinder selbst finden. Wir können ihnen dabei nur etwas helfen – und die richtige Ausrüstung mitgeben. Wie diese aussehen könnte, lesen Sie im folgenden Kapitel.

Zukunftscoaching: Hilfe statt Panikmache

So, nun sind SIE, nach allem, was Sie gelesen haben, erst einmal »future-fit« – zumindest theoretisch. Jetzt können Sie Ihrem Kind endlich all das in den Rucksack packen, was es für seinen Abenteuertrip in die Welt von morgen so braucht. Aber überfrachten Sie es nicht mit vermeintlich nützlichen Dingen. Besser, Ihr Kind reist mit leichtem Gepäck: mental gut gerüstet und mit seinem Universal-Zukunftsschlüssel (↑ Seite 64) in der Tasche.

Auch wenn Sie befürchten, dass Ihr Kind keine leichte Zukunft vor sich hat – eine Angst, die laut einer Umfrage[7] immerhin 78 Prozent der deutschen Frauen, Mütter wie (Noch-)Nicht-Mütter, teilen –, lassen Sie sich nicht vom ↑ HYSTERISCHEN ZUKUNFTSANGST-SYNDROM (Seite 9) infizieren. Helfen Sie Ihrem Kind stattdessen dabei, fit für die Zukunft zu werden – ohne es dabei wegen Ihrer eigenen Zukunftsängste in übereifrigen Aktionismus zu treiben: Viel wichtiger ist es, dass Sie es ein Stückchen auf seiner Reise begleiten. Und es ganz gezielt dabei unterstützen, selbst ERFAHRUNGEN zu sammeln und Verhaltensweisen zu lernen, die es zukunftsfit machen.

Zahlreiche Anregungen dafür, wie Sie Ihr Kind spielerisch-leicht und ganz nebenbei im Alltag auf die Zukunft vorbereiten können, finden Sie auf den folgenden Seiten. Probieren Sie aus, was zu Ihnen, Ihrem Kind und Ihrer augenblicklichen Lebenssituation passt. Ganz locker und unverkniffen. Begeben Sie sich einfach gemeinsam mit Ihrem Kind auf eine spannende Reise. Machen Sie den ersten Schritt. Die Zukunft beginnt hier und heute.

Stärke: So steht Ihr Kind fest im Leben

»Das ist unmöglich!«, schimpft mein Sohn. »Die Großen packen im Bus immer ihre Rucksäcke auf den Platz neben sich. Und die Kleinen müssen stehen. Wenn der Bus losfährt, fallen die fast um. Heute habe ich Wiebke auch einen Platz besetzt«, verkündet er stolz. »Das mache ich jetzt immer.«

Um solche stärkenden Erfahrungen sammeln zu können, brauchen Kids bereits ein gutes Stück **SELBSTVERTRAUEN**. Denn nur wer an sich selbst und seine Stärken glaubt, traut sich, sie auch auszutesten. Nur wer seinen eigenen Wert kennt und nicht an sich selbst zweifelt, entwickelt ein gesundes Selbstbewusstsein und Vertrauen in sich selbst.

Unser Selbstwertgefühl ist jedoch nicht angeboren. Es entwickelt sich in hohem Maße durch Erfahrungen in der Kindheit. Kleine Leute brauchen deshalb dringend Erfolgserlebnisse und das Gefühl, **ETWAS EINZIGARTIGES** und ganz Besonderes zu sein. Und das sollten wir Eltern ihnen von Anfang an geben (↑ auch ab Seite 39).

Selbstbewusstsein und Stärke vermitteln

Mit den folgenden Tipps verhelfen Sie Ihrem Kind zu mehr Selbstbewusstsein – und machen es stark fürs Leben.

- Schenken Sie Ihrem Kind von klein auf viel **AUFMERKSAMKEIT** – durch Kuscheln, Spielen und Reden.
- Sorgen Sie dafür, dass seine **BEDÜRFNISSE** erfüllt werden. Ihr Kind muss darauf vertrauen können, dass es sich absolut auf Sie verlassen

kann – immer und zu jeder Zeit. Dieses **VERTRAUEN** in andere ist der Grundstein für ein gesundes Selbstvertrauen.

- Zeigen Sie Ihrem Sprössling, dass Sie ihn, seine Gefühle, Bedürfnisse und Interessen aufrichtig ernst nehmen.
- Forschen Sie nach den Stärken Ihres Sohnes oder Ihrer Tochter und heben Sie diese immer wieder hervor. Jedes Kind hat seine ganz individuellen Begabungen und **STARKEN SEITEN**. Die gilt es auszugraben, statt Schwächen, Fehler und Defizite zu bemängeln. Wer ständig kritisiert wird, traut sich bald gar nichts mehr zu. Verkneifen Sie sich deshalb Bemerkungen wie »Du kannst nicht …« und stellen Sie stattdessen öfter etwas Positives heraus: »Es ist toll, wie gut du Spielregeln erklären kannst.«
- Kritisieren Sie nur gezielt bestimmte Verhaltensweisen Ihres Kindes. Setzen Sie es nicht als Person herab (»Du bist unmöglich!«). Verletzen Sie seine **WÜRDE** nicht. Lachen Sie es nicht aus, beleidigen Sie es nicht und machen Sie es nicht schlecht. Kleine Leute müssen immer spüren, dass Sie ihnen Wertschätzung entgegenbringen.
- Würdigen Sie die **ERFOLGE** Ihres Sprösslings. Das baut ungeheuer auf und motiviert zu neuen Taten. Aber loben Sie seine Bemühungen auch dann, wenn diese nicht zum erwünschten Ergebnis geführt haben. Die gute Absicht zählt genauso. Kids, denen so der Rücken gestärkt wird, machen gern einen neuen Versuch.
- Wichtig ist auch, dass Sie als Eltern Ihre **ANSPRÜCHE** nicht zu hoch schrauben. Trauen Sie Ihrem Sprössling ruhig immer ein wenig mehr zu, als er bisher unter Beweis gestellt hat, aber überfordern Sie ihn nicht – das entmutigt schnell. Wer dagegen stets eine kleine Nasenlänge voraus ist, schafft den Sprung in die Selbstständigkeit schneller.
- Gönnen Sie Ihrem Kind viel Bewegung. Sie fördert die Sinneswahrnehmung und sorgt so für ein gutes Körpergefühl, die beste Basis für Selbstbewusstsein und Selbstsicherheit. Also: Schränken Sie den Bewegungsradius Ihres Sprösslings so wenig wie möglich ein. Kleinkinder

brauchen ständig mehr **BEWEGUNGSFREIHEIT**. Krabbelnd und laufend erobern sie sich die Welt. Durch ihre körperlichen Aktivitäten erleben kleine Leute zuerst, was sie überhaupt leisten können (»Ich kann das ganz allein!«) und werden so immer selbstständiger. Geben Sie Ihrem Kind genügend Freiräume, aber auch einen sicheren Hafen, in dem es um Ihre Hilfe bitten kann.

»**Unser größter Ruhm** liegt nicht darin, niemals zu fallen, sondern jedes Mal wieder aufzustehen, wenn wir gescheitert sind.«

[Konfuzius | *chinesischer Philosoph*]

- Zügeln Sie Ihre **HILFSBEREITSCHAFT**. Erfüllen Sie nicht grenzenlos alle Wünsche Ihres Sprösslings, leisten Sie ihm nicht unaufgefordert Hilfestellung und mischen Sie sich nicht ständig in seine Angelegenheiten und in alle Streitereien ein. Geben Sie Ihrem Kind die Chance, **SELBST** eine Lösung für Probleme und Konflikte zu finden – und so ein Erfolgserlebnis für sich zu verbuchen.
- Unterstützen Sie Ihr Kind dabei, eigene Ziele zu verfolgen – auch wenn es nicht Ihre sind. Wer ständig Anpassung erwartet, legt kleinen Leuten unnötig Steine in den Weg zur Selbstständigkeit: Lassen Sie es nach und nach selbst ein Stück **VERANTWORTUNG** übernehmen. Nur so kann es eigene Erfahrungen sammeln und sich beweisen.
- Vertrauen Sie ruhig auf Ihr Kind. Es schafft garantiert, was es sich vorgenommen hat. Wer ständig sagt »Dafür bist du noch zu klein« oder »Das ist zu gefährlich«, hindert kleine Leute daran, sich frei zu **ENTFALTEN**. Lassen Sie Ihren Sprössling **ENTSCHEIDUNGEN** treffen – natürlich seinem Alter entsprechend. Dazu gehört auch, dass er lernt »Nein« zu sagen, wenn ihm etwas wirklich nicht gefällt.
- Zeigen Sie Ihrem Kind, dass Misserfolge keine Katastrophe sind und

man aus **FEHLERN** lernen kann. Ignorieren Sie Reinfälle möglichst, schimpfen Sie nicht darüber und schieben Sie niemandem die Schuld dafür in die Schuhe. Verkneifen Sie sich auch unaufgeforderte Verbesserungsvorschläge. Dadurch fühlen kleine Leute sich nur dumm.

- Akzeptieren Sie, dass Ihr Kind **FRUSTRIERT** ist. Aber akzeptieren Sie nicht, dass es deshalb gleich die Flinte ins Korn wirft. Unterstützen Sie es stattdessen dabei, selbst den Fehler zu entdecken und mit Geduld und Ausdauer erneut ans Werk zu gehen. So werden Kids krisenresistent und wirklich stark fürs Leben. Mehr können Sie Ihrem Kind kaum mitgeben auf seinem Weg in die Zukunft.

Zukunftscoaching-Tipps

Eine tragende Rolle für Ihr Kind

Geben Sie Ihrem Kind immer wieder Gelegenheit, seine körperliche Stärke zu spüren, das macht selbstbewusst. Bitten Sie es, den Wäschekorb mit zu tragen, lassen Sie es den Wagen durch den Supermarkt schieben oder im Garten die Schubkarre mit dem Laub.

Bestätigung stärkt

Ermöglichen Sie Ihrem Sprössling viele Kontakte zu Gleichaltrigen. Die Bestätigung durch andere Kinder fördert sein Selbstvertrauen, rückt aber auch sein Selbstbild gerade.

Talente entdecken, Stärken aufpolieren

Jedes Kind sollte etwas können, mit dem es »**GLÄNZT**«. Was das sein kann, müssen Sie als Eltern mit viel Fingerspitzengefühl herausfinden. Dafür sollten Sie etwas aufspüren, das Ihrem Kind wirklich liegt und Freude macht und gleichzeitig seine Einzigartigkeit betont.

Ein tierischer Freund

Schenken Sie Ihrem Sprössling ein eigenes Tier, vielleicht einen Hamster oder ein Zwergkaninchen. Bedingung ist, dass er den neuen Hausgenossen tatsächlich selbst versorgt und die VERANTWORTUNG übernimmt. Eine große Leistung, wenn er es schafft.

Technisch versierter Nachwuchs

Zeigen Sie Ihrem Kind, wie es mit elektrischen Geräten umgehen kann. Ob Videorecorder, Staubsauger oder Mixer – meist beherrschen die Kids die TECHNIK recht schnell. Überreichen Sie Ihrem Sprössling dafür eine kleine Urkunde – und geben Sie weitere Geräte frei.

Das Spiel mit dem Feuer

Auch der Umgang mit Feuer muss gelernt werden. Wer schon Kerzen sicher anzünden und wieder auspusten kann, darf ein Stück Papier in einem Eimer verbrennen, den Grill anstecken oder ein Lagerfeuer im Garten entzünden.

ZUKUNFTSTIPP

Führungsqualitäten – unterwegs erprobt

Machen Sie Ihr Kind bei einem Ausflug oder einer Radtour zum Reiseleiter. Fertigen Sie eine ungefähre Skizze der Umgebung an und lassen Sie Ihr Kind den besten Weg finden, die Etappen und die Pausen planen. Lassen Sie es auch über Details nachdenken, etwa wie ein Bach am sichersten überquert werden kann. Hat die Tour geklappt, ist es wahrscheinlich richtig stolz!

Stärke auch äußerlich zeigen

Wer Stärke und Selbstvertrauen ausstrahlt, wird nicht so leicht angegriffen oder untergebuttert. Erklären Sie Ihrem Kind, was sein Körper ausdrückt und wie es den besten Eindruck macht (siehe unten).

Haltung bewahren: Das macht einen starken Eindruck

1. → GERADE KÖRPERHALTUNG UND AUFRECHTER GANG
2. → SCHULTERN ENTSPANNT, NICHT HOCHGEZOGEN ODER HÄNGEND
3. → KOPF ERHOBEN, NICHT GESENKT ODER EINGEZOGEN
4. → AUGENKONTAKT MIT DEM GEGENÜBER HALTEN
5. → EIN OFFENES UND FREUNDLICHES LÄCHELN ZEIGEN
6. → VERSTÄNDLICH, KLAR UND DEUTLICH SPRECHEN
7. → HÄNDE NICHT VORS GESICHT HALTEN, ARME NICHT VOR DER BRUST VERSCHRÄNKEN
8. → SPARSAME, NATÜRLICHE, GEZIELTE GESTEN
9. → GERADE UND RUHIG AUF DER GESAMTEN SITZFLÄCHE SITZEN

Fit-für-die-Zukunft-Spiele

Kraftakt

Wir sind oft stärker, als wir selbst glauben. Vorausgesetzt, wir sind hoch motiviert und konzentrieren uns voll und ganz auf eine Sache. Eine SPANNENDE ERFAHRUNG für Ihr Kind: Ob es mit gebündelter körperlicher und geistiger Kraft ein Brett durchschlagen kann?

→ Am besten probieren Sie es mit einem Kiefer- oder Fichtenbrett von höchstens zehn Millimeter Stärke und etwa zehn Zentimeter Breite. Legen Sie es zwischen zwei Stühle, die ungefähr 20 Zentimeter Abstand voneinander haben.

→ Ihr Kind sollte sich zunächst davor setzen und sich vorstellen, dass es dieses Holz so leicht zerteilt wie Styropor. Fühlt es sich stark genug, schlägt es wie ein KARATEKÄMPFER zu. Gelingt der Kraftakt nicht gleich beim ersten Mal, ist eine neue Konzentrationsphase nötig. Irgendwann klappt es garantiert!

Raus aus dem Kreis!

Wer ist der Stärkere? Lassen Sie die Kids ihre Kräfte messen.

→ Dazu markieren Sie mit Klebeband auf dem Boden oder mit einer Schnur im Gras einen Kreis von etwa drei Metern Durchmesser. In diesen »Ring« setzen sich zwei Kinder, Rücken an Rücken und verschränken ihre Arme miteinander.

→ Nun versuchen die beiden einander gegenseitig aus dem Kreis herauszudrücken. Wer zuerst die Linie berührt, muss noch etwas KRAFTTRAINING absolvieren, um stärker zu werden.

Ja-Sager – Nein-Sager

Nein-Sagen ist manchmal gar nicht so einfach. Das wissen auch wir Erwachsenen. Lassen Sie es die Kids deshalb ruhig mal üben.

→ Einer übernimmt die Rolle des Ja-Sagers. Der andere ist der Nein-Sager. Nun stellen sich beide einander gegenüber und beginnen ihre »Unterhaltung«. Dabei dürfen sie keine anderen Wörter außer »Ja« und »Nein« sprechen – diese aber so **VARIANTENREICH** wie möglich. Auch Gesten und Mimik dürfen als Verstärker eingesetzt werden.

→ Nach zwei Minuten ist Schluss. Wer hat sich wohl durchgesetzt? Anschließend werden die Rollen getauscht.

Nonsens-Plädoyer

Seine Meinung durchzusetzen ist manchmal nicht ganz einfach – vor allem, wenn sie nicht dem Mainstream entspricht. Das erfordert schon etwas Übung.

→ Schreiben Sie dazu auf mehrere Zettel gewagte Nonsens-Thesen, zum Beispiel einige der folgenden:

- Ab sofort kommt Weihnachten immer der Osterhase.
- Alle Kinder müssen nur noch fünf Jahre zur Schule gehen.
- Pippi Langstrumpf war ein Junge.
- Kakao schmeckt sauer.
- Vollkornbrot ist ungesund und schädlich für die Zähne.

→ Ihr Kind zieht einen Zettel und muss nun stur diese Meinung vertreten. Der Rest der Familie versucht ebenso hartnäckig, es davon zu überzeugen, dass seine Behauptung Blödsinn ist.

Flexibilität: Öfter mal was Neues

»Warum isst du morgens immer Müsli?« – Für meinen Sohn ist das nur schwer zu verstehen. Sein Blick auf meine Schüssel sagt alles. Doch was sollte ich sonst essen? Nudelsuppe vielleicht? **WARUM EIGENTLICH NICHT?** Habe ich auf einer Reise durch China auch schon gemacht. Oder Würstchen und gebackene Bohnen wie in England? Irgendwie ist mir mein Müsli mit Obst da schon lieber. Aber man kann ja mal fragen – oder?

»Zwei ganz verschiedene Dinge behagen uns gleichermaßen: **die Gewohnheit** und **das Neue**.«

[Jean de La Bruyère | *französischer Moralist*]

Die meisten von uns sind in ihren Gewohnheiten ganz schön eingefahren. Doch muss uns das daran hindern, die eingetretenen Pfade zu verlassen? Flexibel und spontan zu bleiben? Schließlich gibt es immer Alternativen für das, was wir tun. Und das sollten auch unsere Kids immer wieder erfahren.

Klar: Wahrscheinlich haben wir uns – gerade seit wir Eltern sind – darum bemüht, ein geregeltes Leben mit festem Rhythmus und wiederkehrenden **RITUALEN** zu führen. Keine Frage: Vor allem kleine Kinder brauchen genau das ganz dringend. Mütter und Väter, auf die sie sich hundertprozentig verlassen können; Regeln, die immer gelten; ein enges Korsett für den Tagesablauf. Denn Beständigkeit und Stabilität geben kleinen Leuten Schutz, Halt und **GEBORGENHEIT**. Sie liefern den Rahmen, der das Chaos begrenzt und so verhindert, dass die Kids sich darin selbst verlieren. Nur sie schaffen die Basis, von der aus unsere Kinder die Welt erobern können. Erst wenn sie sich wirklich sicher fühlen, können sie auch offen und flexibel reagieren.

Wenn Sie als Eltern Ihrem Kind also eine gute Portion Flexibilität mit auf seinen Weg in die Zukunft geben möchten, sollten Sie in seinen ersten Lebensjahren unbedingt für Stabilität sorgen. Je älter Ihr Sprössling wird, desto eher kann er dann, anfangs vielleicht mit Ihnen gemeinsam, die gewohnten Bahnen verlassen. Ermutigen Sie ihn ruhig dazu. Bremsen Sie Ihr Kind nicht, wenn es etwas Ungewöhnliches **AUSPROBIEREN** möchte. Warum sollte es nicht mit blau lackierten Fingernägeln in den Kindergarten gehen oder seine Jacke mal verkehrt herum anziehen? Warum sollte es nicht versuchen, in der Schule für die Umsetzung einer originellen Idee Mitstreiter zu finden? Streichen Sie Killerphrasen wie »Das macht man nicht!« oder »Das kannst du nicht!« ab sofort aus Ihrem Wortschatz. Ein »Das ist eine interessante Idee. Probier's doch mal aus.« setzt ungeahnte Energien frei.

Alles ist möglich – irgendwann! Wirklich glaubhaft sind Sie damit aber nur, wenn Sie selbst ein flexibles Vorbild für Ihr Kind sind. Verabschieden Sie sich also von alten Gewohnheiten, die keinen Sinn (mehr) machen, und versuchen Sie immer wieder Neues:

- Setzen Sie auch mal **SPONTANE IDEEN** – eigene oder die Ihres Kindes – in die Tat um, selbst wenn das Ihren gewohnten Tagesablauf sprengen sollte: Schalten Sie den Fernseher aus und unternehmen Sie eine Nachtwanderung mit der ganzen Familie. Schlafen Sie in einer lauen Sommernacht mit Ihrem Kind auf dem Balkon. Tauchen Sie einfach mal unangemeldet bei Freunden oder den Großeltern auf. Gehen Sie abends noch kurz ins Freibad. Bestellen Sie das Abendbrot beim Pizzaservice.
- Sich selbst Freiräume zu schaffen und auch zu gönnen, immer mal

4

wieder aus dem alltäglichen Trott auszusteigen – wer das schafft, bleibt flexibel. Und das ist eine wichtige Erfahrung für die Kids. Dazu gehört auch, scheinbar Unabänderliches zu hinterfragen und Dinge aus einer ANDEREN PERSPEKTIVE zu betrachten. Kleinen Leuten fällt das nicht schwer: Wie oft verblüfft Ihr Kind Sie mit »Warum«-Fragen zu Sachverhalten, an die Sie selbst wahrscheinlich nie einen Gedanken verschwendet haben? Und während es im einen Moment noch laut bellend als Hund durch den Garten tobt, tüftelt es im nächsten Augenblick als Konstrukteur an einer Futtermaschine für Vierbeiner. Dieses FLEXIBLE DENKEN der Kids müssen wir Eltern kultivieren! Wenn wir das schaffen, haben wir schon sehr viel in Sachen Zukunftswissen erreicht.

→ Nutzen Sie deshalb jede Gelegenheit, um mit Ihrem Kind zu diskutieren, Dinge von verschiedenen Seiten zu beleuchten und nach ALTERNATIVEN MÖGLICHKEITEN zu suchen: Überprüfen Sie von Zeit zu Zeit gemeinsam den Sinn und Unsinn von (Familien-)Regeln. Fragen Sie Ihr Kind häufig, warum es etwas tut und warum es das gerade auf diese Weise macht. So lernt es, über den Sinn seiner eigenen Handlungen nachzudenken. Fragen Sie Ihr Kind nach seiner Meinung zu aktuellen Themen aus Kindergarten und Schule oder aus Zeitungs- und Fernsehberichten. Diskutieren Sie gemeinsam aktuelle Fragen aus Ihrer Umgebung: Gibt es genügend Spielplätze? Sind sie interessant genug gestaltet? Sind die Straßen auf dem Schulweg sicher? Gibt es genügend Ampeln? War das Kinderfest gut geplant? Was hätte besser sein können? Sie werden staunen, auf was für tolle Ideen Ihr Kind kommt.

→ Beziehen Sie Ihren Sprössling seinem Alter entsprechend in möglichst viele ENTSCHEIDUNGEN mit ein. Ein Kleinkind kann schon entscheiden, ob es mit Ihnen auf den Spielplatz gehen oder lieber im Park Roller fahren möchte. Ältere Kinder können den Essensplan für die Woche mitgestalten oder bei der Planung der nächsten Reise helfen.

Zukunftscoaching-Tipps

Neugierig und offen bleiben

Für Kids ist – im Prinzip – alles INTERESSANT. Sie müssen ihnen nur spannende Impulse geben: Das richtige Buch, ein tolles Plakat, ein toter Käfer, eine unbekannte Frucht, ein interessantes Stück vom Sperrmüll, ein neues (Computer-)Spiel, eine rätselhafte Geschichte – und schon ist das Interesse geweckt.

Schatzkiste für Verwandlungskünstler

Sammeln Sie alles, was sich ZUM VERKLEIDEN eignet, in einer Kiste: Hüte, Tücher, Federn, Stoff- und Fellreste, Kleider, Gardinen, Modeschmuck, Schminke. Motivieren Sie Ihr Kind zu Rollenspielen – und machen Sie mit.

Immer auf Achse

Gestalten Sie das KINDERZIMMER VARIABEL: Mobile Trennwände, Schränke mit Rollen, Tische und Stühle, die sich zum Bauen und Verstecken eignen, Wände, die bemalt werden dürfen – so lässt sich das Kinderzimmer nach Belieben umgestalten.

4

Auf neuen Wegen

Machen Sie nicht immer den gleichen SONNTAGSSPAZIERGANG. Entdecken Sie mit der Familie Ihre nähere Umgebung: Eine Radtour

»Alle Kinder haben die **märchenhafte Kraft**, sich in alles zu verwandeln, was immer sie sich wünschen.«

[Jean Cocteau | *französischer Schriftsteller und Filmregisseur*]

durch den Wald, ein Kinobesuch, ein Ausflug zu einer Burg, Zelten am Baggersee, vielleicht auch kleine Reisen übers Wochenende bieten SPANNENDE ABWECHSLUNG.

Kunst und Kommerz

Fördern Sie die Experimentierfreude Ihres Kindes und hindern Sie es nicht daran, eigene Ideen in die Tat umzusetzen: Für Freunde EIN KONZERT auf der Blockflöte zu geben, die Nachbarn zu einer kleinen Theateraufführung einzuladen oder einen MINIFLOHMARKT mit alten Spielsachen vor der Haustür zu veranstalten kann eine tolle Erfahrung sein.

Interessen herauskitzeln

Unterstützen Sie Ihren Sprössling dabei, neue Interessen zu entdecken: Sport treiben, ein Musikinstrument erlernen, sich einer Pfadfindergruppe oder der Astronomie-AG in der Schule anschließen, in der Kirchengemeinde oder im Umweltschutz aktiv werden. Es gibt so VIELE MÖGLICHKEITEN! Lassen Sie Ihr Kind ruhig in einiges hineinschnuppern.

Gemeinsam erleben und gestalten

Nutzen Sie die kulturellen Angebote in Ihrer Umgebung: Besuchen Sie ein Kindertheater. Trödeln Sie hin und wieder mal zusammen über einen Flohmarkt. Besuchen Sie gemeinsam Ausstellungen und Museen. Oft gibt es dort spezielle Kinderprogramme. Wenn nicht, werden Sie selbst aktiv: Nehmen Sie einen großen Bogen Papier und Buntstifte mit. Dann kann Ihr Kind sich selbst ein Bild aussuchen, das es »kopiert«. Oder Sie kaufen ihm eine Kunstpostkarte seines Lieblingsobjektes als Vorlage und Ihr kleiner Künstler kann sich dann zu Hause ans Werk machen.

Fit-für-die-Zukunft-Spiele

Nichts ist unmöglich

Routine ist bequem. Gar keine Frage. Aber könnte man nicht auch die eingefahrenen Gleise verlassen? Etwas einfach total anders machen? Warum nicht? Denken Sie doch mal mit Ihrer Familie spielerisch darüber nach, was sich in Ihrem **ALLTAG VERÄNDERN** ließe.

→ Notieren Sie zunächst unter dem Stichwort »So ist es heute« Situationen, die bei Ihnen zu Hause gewohnheitsmäßig immer gleich ablaufen:

- Sonntags besuchen wir Oma und Opa.
- Wir Kinder sehen jeden Abend die Sesamstraße im Fernsehen.
- Mama backt samstags einen Kuchen.

→ Nun versucht jedes Familienmitglied mindestens zwei Vorschläge zu finden, »Wie es auch sein könnte«. Kein Vorschlag darf doppelt sein. Und: Nichts ist unmöglich! Vielleicht ist dann bald in Ihrer Familie nichts mehr wie immer.

Ganz schön peinlich!

Puh, wie unangenehm – aber es ist gar nicht so ungewöhnlich, in peinlichen Situationen zu landen.

→ Denken Sie sich mal einige aus, in die Sie oder Ihr Kind leicht geraten können. Zum Beispiel:

- Das Kinderkonzert hat gerade angefangen. Die Musik spielt sehr leise. Plötzlich bekommt Hanna einen starken Schluckauf.
- Paul greift im Kaufhaus nach einer Hand. Erst nach einer Weile merkt er, dass er nicht neben seiner Mutter, sondern neben einer fremden Frau herläuft.
- Linus steht im Supermarkt an der Kasse. Die Schlange ist endlos lang. Er muss ganz dringend und fürchtet, nicht rechtzeitig auf die Toilette zu kommen.

→ Da es leider niemand schafft, in solchen Situationen im Erdboden zu versinken, muss Ihr Kind sich jeweils einen anderen Ausweg überlegen. Mal sehen, auf welche verrückten Ideen es kommt. Nach Lust und Laune kann es das Ende der Geschichte erzählen oder vorspielen. Viel Spaß dabei!

Schatzsuche in der Bücherei

Bücher sind nicht nur zum Lesen da – in ihnen können auch **WAHRE SCHÄTZE** verborgen sein. Laden Sie Ihr Kind doch einmal zu einem ungewöhnlichen Besuch in der Bücherei ein.

→ Wer es schafft, einige spannende und anspruchsvolle Aufgaben zu lösen, kann dort eine Menge entdecken. Aufregend könnten zum Beispiel folgende sein:

- zwei Bilderbücher zu suchen, in denen es um Schlangen geht
- das Regal ausfindig zu machen, wo Bücher von Autoren mit dem Anfangsbuchstaben A stehen
- die Bibliothekarin nach Büchern zu bestimmten Themen zu fragen.

Altes Spiel – mit neuen Regeln

Mensch-ärgere-dich-nicht ist ein echter Dauerbrenner. Doch wie wär's mit einer selbst ausgedachten **VARIANTE**?

→ Lassen Sie Ihr Kind zuerst einen Spielplan nach dem bekannten Vorbild zeichnen. Dann markiert es einige Spielfelder in verschiedenen Farben als Ereignisfelder. Wer darauf landet, muss bestimmte Aufgaben erfüllen. Dazu vorab genau festlegen, was gemacht werden muss, und die Felder entsprechend kennzeichnen. Zum Beispiel:

- Wer auf ein rotes Feld kommt, darf einem anderen Spielteilnehmer eine freche Frage stellen – und muss eine Antwort darauf bekommen.
- Wer das blaue Feld erwischt, malt das Porträt seiner Nachbarin.
- Wer auf das grüne Feld gerät, erzählt ein »schlimmes« Erlebnis.

Kommunikationsfähigkeit: Miteinander reden ist Gold

»Das ist ja ein tolles Chaos hier. Wollt ihr nicht mal aufräumen?« rufe ich in Richtung Kinderzimmer. Prompt schallt ein »Nö, keine Lust!« zurück. »HABT IHR NICHT VERSTANDEN?« setze ich leicht säuerlich nach. Keine weitere Reaktion. 1:0 für die Kids. Dumm gelaufen! Aber wer nur fragt, statt deutlich aufzufordern, muss mit einer Abfuhr rechnen. Und warum man ein »tolles« Chaos beseitigen sollte, ist kleinen Leuten ohnehin völlig unbegreiflich … Miteinander reden ist eine Sache, EINANDER VERSTEHEN eine ganz andere.

» **Gute Kommunikation** bedeutet, dass man die **Wirkung** erzielt, die man **beabsichtigt.** «

[Prof. Michael P. Nichols | *Psychoanalytiker*]

4

Auch wir Erwachsenen senden in der Hektik des Alltags immer wieder solche paradoxen Botschaften. Leider. Denn gerade Sprechen und Kommunikation lernen kleine Leute in erster Linie durch NACHAHMUNG, am Modell sozusagen. Und laut Studien soll es inzwischen schon Kids geben, die in der Familie täglich nur noch zehn bis zwölf Minuten Erwachsene live hören! Kein Wunder, dass da die kommunikativen Fähigkeiten auf der Strecke bleiben.

Wir Eltern sollten uns deshalb bemühen, unseren Kindern auch in diesem Fall ein gutes **VORBILD** zu sein:

- Nutzen Sie **JEDE GELEGENHEIT**, um mit Ihrem Sprössling zu reden: bei den Mahlzeiten, wenn er aus der Schule oder dem Kindergarten nach Hause kommt, bei gemeinsamen Unternehmungen, nach der »Sesamstraße«, abends vor dem Schlafengehen: **FRAGEN** Sie Ihr Kind, was es erlebt hat, was es gerade macht und was es denkt. Stellen Sie ihm auch Fragen zu allem, was rundherum passiert, und lassen Sie es selbst nach Antworten suchen. Nehmen Sie sich Zeit, um Ihrem Kind vorzulesen, gemeinsam Bilder zu betrachten, einander Geschichten zu erzählen und miteinander zu spielen. Das alles sind beste Gelegenheiten zum **PLAUDERN**. Auch gute Kinderliteratur ist perfektes »Gefühlstraining«. Indem die Kids mit den Figuren in den Geschichten mitfiebern, lernen sie Empathie und Mitgefühl. Besprechen Sie möglichst viele Familienangelegenheiten in Gegenwart der Kids und beziehen Sie die Kinder ihrem Alter entsprechend mit ein. Und: Sprechen Sie nicht in Babysprache – nicht mal mit kleinen Kindern.
- Stellen Sie **GESPRÄCHSREGELN** für Ihre Familie auf: Es redet immer nur einer. Die anderen warten, bis er fertig ist. Wer danach etwas sagen möchte, macht sich bemerkbar. Alle sollen zu Wort kommen. Keiner darf zum Alleinunterhalter werden. Wer etwas nicht verstanden hat, fragt gleich nach.
- Bemühen Sie sich um eindeutige Botschaften: klare Aufforderungen, gezielte Fragen, exakte Aussagen. Sagen Sie unmissverständlich, was Sie wollen. Senden Sie selbst im Gespräch mit Ihrem Kind **SIGNALE**, die sich nicht widersprechen. Also: Nicht lächeln, wenn Sie etwas verbieten. Oder ein »Jetzt bin ich aber sauer auf dich!« nicht nur sanft säuseln. Achten Sie darauf, dass Sie wirklich das ausstrahlen, was Sie sagen. Fragen Sie umgekehrt auch nach: »Wie meinst du das?« Bieten Sie Ihrem Kind immer an, Wörter und Zusammenhänge, die es nicht kennt, zu erklären.

- → Worte transportieren Informationen – und Gefühle: Miteinander reden ist mehr als der Austausch von Worten. Da kommen Beziehungen ins Spiel, **GEFÜHLE** schwingen mit. Etwas, das für kleine Leute schwer zu durchschauen ist. Das Geheimnis nonverbaler Signale wie Gestik, Mimik, Körperhaltung und Stimmlage zu lüften ist für sie eine Wissenschaft. Hier ist ein guter »Coach« besonders gefordert.
- → Ganz wichtig ist, dass Ihr Kind **SPRACHE** als etwas Spannendes und Wertvolles begreift. Wer aus dem Mund seiner Eltern in erster Linie Worte hört, die verbieten, kritisieren, beleidigen und bestrafen, verliert die **LUST AM REDEN**. Eine liebevolle Atmosphäre und gegenseitiger Respekt lösen die Zunge dagegen ganz von selbst. Bemühen Sie sich deshalb, Ihr Kind so oft wie möglich wie einen gleichwertigen Partner anzusprechen. Üben Sie konstruktive Kritik und fordern Sie die Kids auf, Ihnen ebenfalls offen zu sagen, was ihnen nicht passt. Lassen Sie das, was Ihr Kind sagt, auch ruhig einfach mal im Raum stehen – ohne zu widersprechen, zu kommentieren, zu werten oder den perfekten Rat parat zu haben. Das zeigt ihm: Da hört mir jemand wirklich zu. Ich bin wichtig. Denn mein Wort hat Gewicht.
- → »Übersetzen« Sie die **KÖRPERSPRACHE** anderer Menschen: »Wie grimmig der guckt. Der ist bestimmt sehr wütend.« Egal, ob Sie gemeinsam einen Film ansehen oder Leute im Park beobachten – dank solcher Erklärungen lernt Ihr Sprössling den komplizierten Code zu knacken und sich in seine Mitmenschen hineinzuversetzen. Sprechen Sie auch über Ihre eigenen Gefühle – »Ich bin heute traurig, weil Oma

»Sie können **freundlicher** sein durch etwas, was Sie **sagen, oder** durch etwas, was Sie **verschweigen.**«

[Deborah Tannen | *Sprachwissenschaftlerin*]

krank ist«. So lernen kleine Leute Stimmungen nicht nur mit Worten, sondern auch mit Gesichtsausdruck und Körperhaltung zu verbinden. Ermutigen Sie Ihren Sprössling ebenfalls, seine Gefühle auszudrücken und sich Probleme von der Seele zu reden. Fragen Sie: »WIE FÜHLST DU DICH?« Helfen Sie ihm, seine Emotionen zu spüren und einzuordnen, aber bewerten Sie diese nicht. Nehmen Sie jedes Gefühl, auch ein negatives, ernst und akzeptieren Sie es. Jeder hat ein Recht auf seine Gefühle – auch Ihr Kind.

Zukunftscoaching-Tipps

Reden trainieren

Sorgen Sie für Spielmaterial, das dazu anregt, miteinander zu sprechen: Gesellschaftsspiele, Verkleidungssachen, ein Kaufmannsladen. Wunderbar geeignet für »gesprächige Rollenspiele« ist auch ein Puppentheater. Falls Sie keines besitzen, hängen Sie einfach ein Bettlaken in die Mitte eines Türrahmens. Auf dieser »Bühne« können sogar »Puppen« aus alten Strümpfen oder die bemalten Finger Ihrer Kinder in Aktion treten.

Auftragsarbeit, die redegewandt macht

Geben Sie Ihrem Kind kleine Aufträge, die es erledigen soll:

- per Telefon die Hausaufgaben erfragen
- der Freundin die Regeln eines Spiels erklären
- Oma anrufen und den nächsten Besuch absprechen
- bei der Nachbarin eine Tüte Backpulver borgen
- Marie um Entschuldigung bitten
- bei einem fremden Kind auf dem Spielplatz eine Schaufel ausleihen
- bei einem Ausflug nach dem Weg fragen.

Im Leben eine Rolle spielen

Ermutigen Sie Ihren Sprössling, beim **KINDERTHEATER** mitzuspielen oder beim »Weihnachtsmärchen« in der Schule mitzumachen.

Gemeinsam entscheiden

Halten Sie »**FAMILIENKONFERENZEN**« ab. Wohin soll der Ausflug am Wochenende gehen? Wer übernimmt welche Aufgabe bei der Geburtstagsvorbereitung? Soll's ein Urlaub am Meer oder in den Bergen sein? Sprechen Sie zusammen darüber. Und bringen Sie ruhig auch Streitfragen und **KONFLIKTE** auf den Tisch.

Fit-für-die-Zukunft-Spiele

Clown Paul

Ein Blick sagt oft mehr als 1000 Worte. Doch Gestik und Mimik seines Gegenübers richtig zu deuten will gelernt sein. Nur wer das Repertoire der nonverbalen Kommunikation beherrscht, kann es auch selbst gezielt einsetzen. Beim Training hilft »Clown Paul«: Er verständigt sich völlig ohne Worte!

→ Ihr Kind darf sich schminken und verkleiden. Dann geht's los mit dem Clown-Spielen: Mal ist Paul lustig, mal traurig, mal wütend … die anderen müssen erkennen, wie es ihm gerade geht. Wer liegt am häufigsten richtig?

»Echtes Zuhören bedeutet, wenigstens für einen Augenblick für den anderen da zu sein.«

[Prof. Michael P. Nichols | *Psychotherapeut*]

Gefühle-Quiz

Ähnlich funktioniert auch dieses Spiel: Wieder sollen die Emotionen des Gesprächspartners an dessen Mimik abgelesen und richtig eingeschätzt werden.

→ Spielen Sie Ihrem Kind unterschiedliche Gefühlslagen vor. Seine Aufgabe ist es, zu erraten, wie Sie sich gerade fühlen, und entsprechend darauf zu reagieren.

→ Also: Es tröstet Sie, wenn Sie weinen. Es bietet Hilfe an, wenn Sie traurig sind. Es lacht mit Ihnen, wenn Sie lustig sind.

Besuch vom anderen Stern

Sie kommen aus einer fernen Galaxis. Das Leben der Erdenbewohner ist Ihnen VÖLLIG FREMD.

→ Schafft Ihr Kind es, Ihnen genau zu erklären …

… was man mit den Blechkästen auf vier Rädern macht, die vor den Häusern stehen?

… warum aus dem Kasten im Schrank Musik kommt und wie sie da reingepackt worden ist?

… was man in den kleinen Räumen mit Loch im Fußboden macht und warum sich die Leute dort einschließen?

… warum die Menschen nicht mit ihren Fingern essen?

… wo das Essen bleibt, das sie sich in den Mund stecken?

Reporter interviewt einen »Promi«

Sie sind Reporter einer Zeitung und wollen einen Artikel über das Schulfest schreiben, das gerade stattgefunden hat.

→ Ob Ihr Kind ein Interview dazu gibt? Fragen Sie es: Welche Gäste waren da? Was gab es zu essen? Wer hat das Essen zubereitet? Wie viele Kinder waren da? Welche Aktionen gab es?

Medienkompetenz: Abschalten will gelernt sein

»Kann ich mit deinem Handy spielen?« Seit sie entdeckt hat, welche verborgenen Möglichkeiten in meinem Mobiltelefon stecken, findet meine gerade achtjährige Tochter es bei Autofahrten enorm cool, ihren Gameboy dagegen einzutauschen. Ungeheuer flink drücken die kleinen Finger die Tastatur. Und von Zeit zu Zeit kommt ein Freudenschrei von der Rückbank: »Neuer Rekord!«

Woher kann sie das? Ist das normal? Wahrscheinlich. Schließlich sind Handy, Computer, Internet und natürlich Fernsehen in sämtlichen Kanälen für die **MULTIMEDIA-KIDS** von heute das Selbstverständlichste der Welt. Kein Wunder, dass Kindergartenkinder den Videorecorder oft besser programmieren als ihre Eltern und Grundschüler locker durch den Hyperspace navigieren. Berührungsängste kennen kleine Leute nicht. Die haben höchstens wir Erwachsenen. Und die Anziehungskraft moderner Medientechnik und virtueller Bilderwelten ist einfach enorm. Was sollen wir ihnen da noch beibringen? Wie können wir gefährlich ausufernden Konsum einschränken, ohne die **MEDIENBEGEISTERUNG** unserer Kinder unnötig zu bremsen?

Viele Eltern meinen, die beste Medienerziehung sei es, das **ABSCHALTEN** zu üben. Klar. Doch ganz so einfach lässt sich das Thema Fernsehen, Computer & Co nicht bewältigen. Schließlich haben die Medien auch ihre guten Seiten. Und die gilt es, den Kids nahe zu bringen. Also: Schluss mit wahlloser Dauerberieselung – aber Totalabstinenz muss auch nicht sein. Helfen Sie Ihrem Kind, zum mündigen und kritischen User zu werden.

»Der **Computer** an sich ist weder gut noch übel; es kommt auf den Umgang mit ihm an.«

[Prof. Dr. Peter Struck | *Erziehungswissenschaftler*]

Erste Voraussetzung dafür: Kinder sollen lernen, wie sie mit den unterschiedlichen Medien **SACHGERECHT UMGEHEN**. Je eher Sie Ihr Kind spielerisch mit Medientechnik in **KONTAKT** bringen, desto sicherer wird es. Dabei helfen folgende Tipps:

→ Zeigen Sie Ihrem Kind, wie die Geräte zu Hause funktionieren. Und lassen Sie es unter Ihrer Aufsicht alles selbst ausprobieren. Geben Sie auch den PC für erste Annäherungsversuche in Ihrem Beisein frei. Schon Kindergartenkinder können den Umgang mit der Maus üben, wenn sie zum Beispiel einen Turtle (Schildkröte) über den Bildschirm schicken. Sie schaffen es auch schon, mit Befehlen wie: vorwärts, rückwärts, seitwärts und Richtungsänderungen umzugehen und ein Gefühl für Formen und Größen zu entwickeln.

Fernsehen & Co – das rechte Maß finden

Das Wissen über Medien und deren Nutzung allein reicht nicht aus. Wer ein kompetenter User werden will, muss nicht nur Tasten drücken können, sondern auch seinen Kopf dabei einschalten. Nehmen Sie dafür ruhig mal Ihren eigenen **MEDIENKONSUM** kritisch unter die Lupe: Wer selbst in der Freizeit am liebsten vor dem Fernseher hockt, kann schwer dem Sohn dessen Computersitzungen radikal kürzen. Und, Hand aufs Herz, Sie suchen Ihre PC-Spiele und Lieblingsserien sicher auch nicht ausschließlich nach moralischen Aspekten aus! Also: Gestehen Sie Ihrem Kind zu, dass es auch ab und an einfach nur unterhalten werden möchte – ohne jeden pädagogischen Anspruch.

Sollte es allerdings schon zu viele Ihrer schlechteren Gewohnheiten übernommen haben, wäre vielleicht eine Fernseh- und Computerauszeit für die ganze Familie angesagt. Danach können Sie gemeinsam neue MEDIENREGELN festlegen, die für alle gelten, etwa folgende:

Regeln für die TV-Zeit

- Auf die richtige Dosis kommt es an, das haben Studien inzwischen belegt. Legen Sie deshalb, am besten für jedes Familienmitglied, eine tägliche oder wöchentliche Medienzeit fest – für Vorschulkinder und Erstklässler maximal 30 Minuten, für Acht- bis Zehnjährige höchstens eine Stunde und für Kids von zehn bis zwölf Jahren 90 Minuten pro Tag. Kinder über 14 und Erwachsene sollten nicht länger als zwei Stunden täglich vor einem Bildschirm verbringen.
- Lassen Sie die Kids selbst wählen, wie sie ihre MEDIENZEIT nutzen möchten: fernsehen, am PC spielen, im Internet surfen.
- Setzen Sie fest, zu welchen Zeiten alles abgeschaltet wird (zum Beispiel beim Essen, morgens vor der Schule, nach 20 Uhr).
- Bei besonderen Ereignissen – etwa der Fußball-WM – kann die Medienzeit verlängert werden. Dies bleibt jedoch die Ausnahme!
- Bieten Sie immer wieder ATTRAKTIVE ALTERNATIVEN zum Medienkonsum an. Zusammen spielen macht bestimmt mehr Spaß, als allein vor dem Fernseher zu sitzen. Motivieren Sie Ihr Kind vor allem dazu, mit anderen gemeinsam etwas zu unternehmen.
- Sorgen Sie für Ausgleich von TV- und PC-Zeiten. Um mit den modernen Medien geschickt umgehen zu können, braucht Ihr Kind alle seine Sinne. Und die schult es am besten durch BEWEGUNG draußen an der frischen Luft. Kids, die beispielsweise sehr viel fernsehen, fehlen Sport und Spiel, sie stumpfen emotional ab und können das wirkliche Leben mit seinem ganz alltäglichen Stress wesentlich schlechter verkraften als Wenigseher. Das haben Psychologen festgestellt. Wenn's

also kompliziert und anstrengend wird, flüchten diese Kinder wieder in virtuelle Welten – oder rasten aus.

→ Doch es kommt natürlich nicht nur auf die Dauer an, sondern auch auf die **INHALTE**: Informieren Sie sich gründlich über Filme, Fernsehsendungen, Software-Programme und Computerspiele. Broschüren zum Thema Fernsehen hat zum Beispiel das Familienministerium herausgegeben (↑ Adresse und mehr Infos im Anhang, Seite 158).

→ Sehen Sie sich möglichst viel gemeinsam an und reden Sie anschließend darüber. Kids haben fast immer das Bedürfnis, ihren Eltern zu berichten, was sie gesehen haben. Nehmen Sie sich die Zeit zuzuhören. So merken Sie, was Ihr Kind vielleicht nicht verstanden hat oder was ihm Angst macht. Dann können Sie direkt erklären und eventuell gegensteuern. Äußern Sie auch Ihre Meinung zu dem, was Sie gesehen haben. Diskutieren Sie zusammen darüber. **HINTERFRAGEN** Sie kritisch und nehmen Sie auch Werbung unter die Lupe.

Computer und Internet

Schulkinder dürfen dann schon Ausflüge ins Internet unternehmen. Gute Videospiele und Software sowie das Lernen am Computer fördern die Kombinationsfähigkeit und vernetztes Denken. Die Kinder reagieren schneller auf optische Reize, erfassen mehrere Dinge auf einmal und finden sich in komplexen Zusammenhängen zurecht.

Wertvolle Eigenschaften, die Kinder in Zukunft brauchen werden!

Ihr Kind sollte die ersten Schritte im weltweiten Web auf keinen Fall allein tun. Sorgen Sie für **SICHERHEIT**: Am besten sperren Sie vorab bestimmte Inhaltsbereiche, um so jugendgefährdende Webseiten herauszufiltern. Speichern Sie ausgewählte Adressen als Lesezeichen, die die Kids dann selbst ansteuern können. Eine weitere Möglichkeit: Sie richten in Ihrem Browser eine seriöse ↑ **KINDERWEBSEITE** (Links

So finden Sie kindgerechte Software

Die Auswahl an PC-Programmen zum Lernen und Spielen ist riesig. Schon für Kindergartenkinder ab 4 Jahren gibt es ein sehr umfangreiches Angebot. Figuren, die aus Kindersendungen oder der Spiel- und Bilderbuchwelt Ihres Kindes stammen, eignen sich besonders gut zum Einstieg. Und darauf sollten Sie außerdem achten:

→ *Brutale Action-Spiele und gewaltverherrlichende Filme, Videos mit aggressiven Schlägertypen, »Egoshooter«-Software und Medien mit extremistischen Inhalten gehören grundsätzlich nicht ins Kinderzimmer.*

→ *Schauen Sie sich genau an, worum es geht. Software für Kinder sollte pädagogisch wertvoll sein oder einen akzeptablen Unterhaltungswert haben. Optimal, wenn sich damit etwas konstruieren, erforschen oder gestalten lässt.*

→ *Ihr Kind sollte das Spiel- oder Übungsziel leicht erkennen können. Alle Aufgaben müssen verständlich und leicht lösbar sein. Toll, wenn es verschiedene Schwierigkeitsstufen gibt. Schauen Sie sich auch das Belohnungssystem an: Wie wird Erfolg bei den Aufgaben honoriert und kommentiert? Wie Misserfolg?*

→ *Die Illustrationen sollten originell und nicht zu stark überzeichnet sein – und möglichst aus der Welt der Kinder stammen. Gerade für kleine Kinder ist es wichtig, dass die Figuren groß genug und die einzelnen Sequenzen übersichtlich gestaltet sind. Kids, die noch nicht lesen können, brauchen für die Navigation deutliche Symbole und Zeichen.*

→ *Hören Sie unbedingt in den Text hinein: Er sollte altersgemäß formuliert und frei gesprochen sein. Die Stimmen müssen zu unterscheiden sein.*

→ *Die Spieldauer sollte höchstens 15 bis 30 Minuten betragen.*

→ *Und schließlich: Auch das Preis-Leistungsverhältnis muss stimmen.*

im Anhang, Seite 158) als Startadresse ein. Möchten Sie ganz sicher gehen, melden Sie Ihren Sprössling bei einem eigenen Provider für Kinder an. Damit kommen kleine Surfer nur auf geprüfte Webseiten und Links – absolut jugendfrei, dafür zum Teil aber kommerziell.

Und noch etwas sollte Ihr Kind von Anfang an lernen: Nie ohne Ihr Einverständnis im Internet seinen Namen, Anschrift, Telefonnummer und Schule preisgeben, schon gar nicht in Chatrooms und Foren! Es soll sich dort nur unter einem Pseudonym, dem so genannten Nickname, registrieren. Im Internet ist gesundes Misstrauen ratsam! Da wird viel präsentiert – aber nichts davon muss wahr sein. Auch im Chat weiß man nie, wer sich hinter »Ernie« oder »Biene Maja« verbirgt. Deshalb niemals allein mit Webfreunden verabreden! Und erscheint etwas bedrohlich oder unanständig, sollte Ihr Kind Sie sofort um Hilfe bitten. Nur wenn es diese Gefahren kennt, wird es wirklich websicher.

Zukunftscoaching-Tipps

Aktiv bleiben

Lassen Sie Ihr Kind Medien nicht nur passiv konsumieren, sondern auch aktiv handhaben. Es kann mit Fotoapparat und Dias **EXPERIMENTIEREN**. Zeigen Sie ihm, wie es mit dem Kassettenrecorder Geräusche im Haus aufnehmen oder selbst einen kleinen Videofilm drehen kann.

Gegen das Schweigen

Statten Sie kleine Leute nicht zu früh mit einem eigenen Medienpark aus. Sobald jeder in der Familie seinen PC und Fernsehapparat im Zimmer hat, wird kaum noch **MITEINANDER GEREDET** – weder über die Nutzung dieser Geräte noch über andere Themen. Und: Benutzen Sie Fernseher & Co nicht als elektronischen Babysitter.

Immer langsam ...

ENTSCHLEUNIGEN Sie das Leben Ihres Kindes immer wieder: Bequem auf dem Sofa Musik hören oder ein Spaziergang im Park – so sorgen Sie für wichtige Erfahrungen in normalem Lebenstempo. Der Umgang mit den schnellen High-tech-Medien verändert nämlich das Denken, die Wahrnehmung und Reaktionsgeschwindigkeit unserer Kinder ungemein. Das kann von Vorteil sein. Durch das »Hyperlearning«, wie der amerikanische Medienforscher Lewis Perelman es nennt, bekommen die Kids aber auch ein völlig anderes Zeitgefühl. Ihr Alltag erscheint ihnen plötzlich wie in Zeitlupe. Die Folge: Sie sind gereizt, nervös, hyperaktiv. Schieben Sie als Eltern deshalb unbedingt langsamere, entspannte Phasen ein. Nur so können die Kids zurückschalten und ein für sie gesünderes Tempo finden.

Fit-für-die-Zukunft-Spiele

4

Fernsehproduzent

Einmal selbst auf der Mattscheibe sein – kein Problem, auch ohne Superstar-Casting.

→ Bauen Sie aus einem Karton einen »Fernseher«. Ihr Kind kann sich hinter das leere Gehäuse stellen und seine eigenen Sendungen produzieren. Eine Super-Unterhaltungsshow **FÜR DIE GANZE FAMILIE**. Und das Fernsehen verliert seine mystische Faszination.

»Allen Verheißungen virtueller Gemeinschaften zum Trotz: Es ist wichtiger, ein **wirkliches Leben** in einer wirklichen Umgebung zu führen.«

[Clifford Stoll | *Internetpionier und -kritiker*]

Neu vertont

Hat Ihre Familie einen Lieblingsvideofilm, den Sie schon x-mal gesehen haben?

→ Stellen Sie beim nächsten Mal einfach den Ton ab und vertonen Sie den Streifen selbst. Besonders lustig wird's, wenn Sie die Sprechrollen paradox verteilen: Ihre kleine Tochter leiht dem starken männlichen Helden ihre Stimme, die Prinzessin spricht mit Papas Bass.

Internet-Detektiv:

Hat Ihr Kind sich schon etwas eingesurft? Dann können Sie es spielerisch auf größere Trips im weltweiten Web schicken.

... Sie können es auch Bücher zu einem bestimmten Thema suchen lassen. ...

Überlegen Sie sich – notfalls mit Hilfe eines Quizspiels – mehrere Fragen. Die Antwort findet Ihr Sprössling durch gezieltes Suchen im Internet.

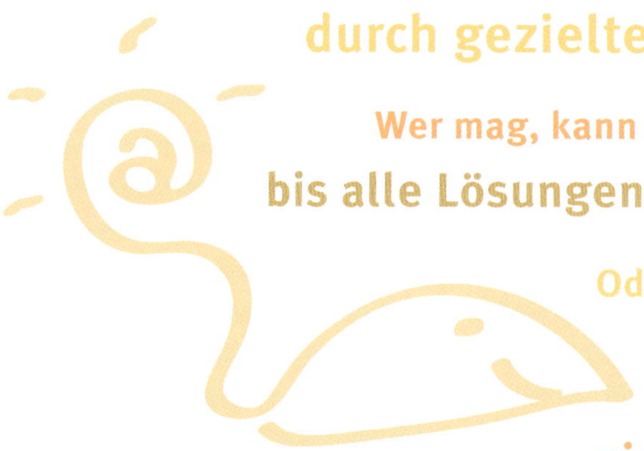

Wer mag, kann die Zeit stoppen, bis alle Lösungen gefunden sind.

Oder die Internet-Detektive müssen aus Buchstaben in den Einzelantworten ein Lösungswort suchen.

Kreativität: Fantasien ungehemmt ausleben

»Kann man Zeltstangen aus Glas machen?« fragt mein Sohn, der gerade seine erste Nacht in einem Iglu im Garten verbracht hat. »Dann könnte man eine durchsichtige Folie darüber ziehen – und im Liegen die Sterne sehen.« Gute Idee, finde ich. Warum ist bisher niemand darauf gekommen? Wahrscheinlich sind **STERNGUCKER-ZELTE** nicht unbedingt eine Marktlücke oder technisch einfach nicht machbar. Aber reizvoll ist die Idee schon …

Kinder sind von Natur aus ungeheuer kreativ. Bedarf es da noch einer Förderung, werden viele Eltern sich wahrscheinlich fragen. Eigentlich nicht – wenn unsere Kinder ihre Kreativität ausleben könnten. Doch das ist heute leider oft nicht mehr der Fall. Zubetonierte und beengte Lebensbedingungen ohne Freiräume zum Entdecken und Experimentieren ersticken Kreativitätsschübe fast im Keim. Ödes Plastik-Fertigspielzeug und Fernsehdauerberieselung hemmen Fantasie und Ideenreichtum. Diese **BLOCKADEN** müssen wir Eltern unbedingt gezielt durchbrechen. Denn nur dann hat die Kreativität unserer Kids wieder eine Chance.

Wichtig dabei ist vor allem, dass wir der Kreativität **FREIE BAHN** in unserem Alltag und Familienleben lassen. Wenn wir selbst nur wie Coachpotatoes an unserem Fernsehsessel kleben, können wir kaum erwarten, dass unser Kind vor Geistesblitzen nur so sprüht. Also: Raus aus dem Routinetrott und selbst mal **ETWAS NEUES MACHEN**.

- Stellen Sie Ihre Möbel um.
- Fahren Sie einfach ab und an einmal andere Wege zum Einkaufen, zur Arbeit, zu Oma und Opa.

- Probieren Sie mal ganz andere Farben in Ihrer Garderobe aus.
- Streichen Sie das Kinderzimmer neu. Vielleicht haben Sie sogar Lust, an eine Wand eine Landschaft zu malen.
- Planen Sie ein Überraschungsessen oder Picknick mit Freunden und deren Kids.
- Holen Sie Ihre alte Gitarre wieder hervor.
- Machen Sie mit der Kamera statt Familienbildern Fotoexperimente.

»If you can **dream** it – you can **do** it!«

[Walt Disney | *amerikanischer Filmproduzent*]

In einer solchen »kreativen« Familienatmosphäre gedeihen fantasievolle Ideen wunderbar. Für einen zusätzlichen Schub sorgen spannende NATURERLEBNISSE. Beim gemeinsamen Spaziergang im Wald, beim Planschen an einem Bach oder beim Buddeln am Strand können Kinder hautnah ganz elementare Dinge entdecken und ausprobieren. So sammeln sie nicht nur wunderbare Erfahrungen für alle Sinne und schulen dadurch ihre Wahrnehmungsfähigkeit. Sie lernen auch genau zu beobachten und bekommen fantastische Anregungen, die ihnen später bei der Lösung ganz anderer Probleme äußerst hilfreich sein können.

Nicht umsonst ist die Bionik eine der zukunftsweisenden Techniken. Sie sucht gezielt Vorbilder in der Natur, um daraus neue Produkte oder technische Verfahren zu entwickeln. So brachte beispielsweise die Oberflächenstruktur von Lotusblättern, auf denen das Wasser selbst bei starkem Regen sofort abperlt, die Forscher auf die Idee, Glasscheiben nach diesem Prinzip zu konstruieren.

Gerade wer Dinge mal aus einer anderen Richtung betrachtet, kommt oft auf die besten Gedanken. ERMUTIGEN Sie deshalb Ihr Kind ruhig auch gezielt dazu, seiner Fantasie freien Lauf zu lassen:

- Warum benutzt es alltägliche Dinge nicht mal ganz anders als gewohnt? Aus Stühlen und Decken lässt sich zum Beispiel prima eine Höhle bauen.
- Erlauben Sie ihm, vom »Normalen« abzuweichen und auch mal etwas UNGEWÖHNLICHES auszuprobieren. Warum macht es nicht mal kurze Zeit alles verkehrt? Beim Essen statt Gabel die Finger benutzen, nur mit Gesten und Lauten »sprechen«. Das kann ganz witzig sein.
- Erkennen Sie ungewöhnliche und originelle Einfälle Ihres Sprösslings an. Machen Sie sich über verrückte Ideen nicht lustig, sondern LOBEN Sie seine kreative Leistung. Hängen Sie seine »Kunstwerke« auf oder stellen Sie sie auf den Kaminsims – Hauptsache, Sie bewundern sie gebührend.
- Egal ob bei Problemen oder Bauwerken – greifen Sie nicht vorschnell ein. Geben Sie Ihrem Kind stets die Chance, selbst nachzudenken und kreativ eine Lösung zu finden.
- Lässt ein Problem sich gar nicht knacken, machen Sie zusammen ein Brainstorming. Schreiben Sie alles auf, was Ihnen spontan und völlig unzensiert zur Lösung einfällt – selbst wenn es zunächst idiotisch erscheint. Sortiert und bewertet wird erst später.
- Zeigen Sie Ihrem Kind, dass Fehler keine Katastrophe sind. Auch ein Reinfall kann einen weiterbringen – und wenn auch erst beim nächsten Versuch.
- Vor allem aber gönnen Sie Ihrem Kind viel ZEIT zum Tüfteln, aber auch zum Träumen. Kreativität kann sich nur entfalten, wenn Kids die Chance haben, mal zur Ruhe zu kommen, sich zurückzuziehen und sich allein mit etwas zu beschäftigen. Die besten Einfälle kommen eben nicht, wenn man krampfhaft auf sie wartet, sondern bekanntermaßen in der Badewanne. Denn entspanntes Nichtstun kurbelt die Arbeit des Unterbewusstseins an. Dann sprudeln zündende Ideen fast wie von selbst.

Zukunftscoaching-Tipps

Kunstwerke sammeln

Schenken Sie Ihrem Kind ein »Kunstalbum«. Es kann Bilder hineinmalen und ausgeschnittene Bilder, Fotos und kleinere Fundstücke hineinkleben.

Mach was draus!

Gestatten Sie kleinen Leuten, alles **ZU SAMMELN**, was im Haushalt nicht mehr gebraucht wird. Kids haben für vieles Verwendung: Verpackungsmaterial, leere Plastikflaschen, Kronkorken, Garnrollen, Stoffreste, alte Schrauben … Falls Sie befürchten, einen Messie heranzuziehen, misten Sie ab und zu aus.

Ein Platz für Kreativität

Richten Sie im Keller, in der Garage oder im Garten eine Werkecke ein. Dort kann Ihr Sprössling hämmern, sägen und rumschmieren.

Weniger ist mehr!

Halten Sie die Spielzeugberge, die sich im Kinderzimmer türmen, möglichst klein. Und: Alles, was sich verändern, umbauen und gestalten lässt und die **FANTASIE** kleiner Leute anregt wie Ton, Knetgummi und Bausteine, fördert ihre Kreativität stärker als Fertigteile und Plastikfiguren.

Die Fantasie immer wieder ankurbeln

Sorgen Sie für interessanten Input und immer wieder neue Anregungen. Bücher, Filme, Entdeckungstouren in die Natur, **STÖBERN** im Sperrmüll, Besuche von Werkstätten und Ausstellungen – solche Erfahrungen bringen das kreative Potenzial von Kids auf Touren.

Gemeinsam träumen und spinnen

Laden Sie Ihr Kind zu Fantasiereisen ein. Machen Sie es sich gemütlich, zünden Sie vielleicht eine Kerze an, kuscheln Sie sich gemeinsam in die Sofaecke.

Dann legt oder setzt Ihr Sprössling sich bequem hin und schließt die Augen. Erzählen Sie eine Geschichte vom fliegenden Teppich, auf dem Sie gemeinsam ins **WUNDERLAND** reisen. Sie können Ihrem Kind auch etwas vorlesen. Es gibt zahlreiche Bücher mit Texten, die die Gedanken fantastisch wandern lassen.

Vielleicht hören Sie auch gemeinsam eine CD an, auf der die Geschichte mit Geräuschen oder sanfter Musik untermalt ist. Probieren Sie aus, welche Art des Erzählens beziehungsweise Hörens der Fantasie Ihres Kindes die schönsten Flügel verleiht.

»**Alles ist möglich**. Und auf die eine oder andere Weise geschieht es auch.«

[Paul Auster | *amerikanischer Schriftsteller*]

4

Nur nichts vergessen: Methoden zum Merken

Ideen verflüchtigen sich meist schnell. Leider. Hängen Sie deshalb eine »**IDEEN-PINNWAND**« auf. Jedes Familienmitglied, das einen guten Einfall hat – egal ob es sich um ein Ausflugsziel, ein Bastelprojekt, ein Gedicht oder die Anregung für ein »Forschungsunternehmen« handelt –, notiert diesen auf einem Zettel und hängt ihn an die Wand. Von Zeit zu Zeit sichten alle die gesammelten Ideen und beschließen, was in Angriff genommen wird.

Fit-für-die-Zukunft-Spiele

Fußmalereien

Ein toller Spaß, auch für Kinderpartys, ist diese Kreativaktion.

- Legen Sie ein großes Blatt Papier auf den Boden, am besten im Garten. Daneben stellen Sie mehrere große Plastikschüsseln mit verschiedenen Kleister- oder Fingerfarben. Ihr Kind ist barfuß, hat die Hosenbeine hochgekrempelt oder eine Badehose an. Nun steigt es in die Farbschüsseln und marschiert mit seinen bunten Füßen über das Papier. Ein Wasserbad zwischendurch verhindert, dass blaue Zehen zum Beispiel die gelbe Farbe »verschmutzen«.
- Besonders lustig wird das Ganze, wenn mehrere Kinder oder die ganze Familie zusammen ein Fußbild malen. Aus dem vorsichtigen Spiel wird dann bestimmt schnell eine lustige Farborgie.

Wachstropfereien

Gießen Sie Silvester gern Blei? Dieses Spiel ist ähnlich:

- Tropfen Sie, am besten in größerer Runde, jeder Kerzenwachs auf dickeres Papier. Sind die **KUNSTWERKE** fertig, wird eines nach dem anderen hochgehalten und jeder äußert sich dazu: Was ist darauf zu sehen? Woran erinnert es? Was will der Künstler damit sagen? Lassen Sie Ihren Assoziationen freien Lauf!

Küchenorchester

Mit welchen Haushaltsgegenständen lässt sich wohl Musik machen? Probieren Sie es gemeinsam mit Ihrem Kind aus:

- Füllen Sie Gläser mit Wasser und schlagen Sie sie mit einem Löffel an. Je nach Wassermenge verändert sich der Klang.
- Experimentieren Sie mit Töpfen und Deckeln.
- Funktionieren Sie eine leere Waschmitteltonne zur Trommel um.

Teamgeist:
Zusammen macht's mehr Spaß

»Wir sind ein richtig gutes Team, was Mama?« Mein Sohn strahlt mich an. »Ich buddele die Löcher und werfe die Blumenzwiebeln rein und du musst nur noch rumstehen und die Tüten tragen.« – Stimmt, tolle Sache so ein engagierter Gartenhelfer! Und ich kann mir jetzt schon vorstellen, wie stolz er im Frühling sein wird, wenn »seine« Krokusse und Narzissen blühen.

Zusammen machen sogar simple **ALLTAGSARBEITEN** einfach mehr **SPASS**. Und oft lassen sich Aufgaben zu zweit oder dritt wesentlich schneller und leichter erledigen. Gemeinsam sind wir eben besser! Diese Botschaft sollten unsere Kids so früh wie möglich lernen. Ganz einfach nebenbei können wir ihnen im **TEAM FAMILIE** etwas von diesem Geist vermitteln:

Einer allein kann kein Dach tragen.

[Afrikanisches Sprichwort]

- Ergreifen Sie deshalb zu Hause jede Gelegenheit, um Ihrem Kind zu zeigen, wie toll **TEAMARBEIT** ist. Aufräumen geht gemeinsam schneller. Bei einem Problem fallen mehreren Leuten mehr Lösungsideen ein. Wenn mal etwas nicht so klappt, kann man einander anspornen. Und auch am Erfolg freut man sich gemeinsam mehr.
- Spielen Sie selbst nicht die Supermutter und den Übervater, die alles im Alleingang schaffen. Suchen Sie im Familienteam fleißige Helfer: »Lass uns gemeinsam ein Geschenk für Oma auswählen« oder: »Hilfst du mir, die Tischdekorationen für das Geburtstagsfest zu basteln?«
- Verteilen Sie **HÄUSLICHE PFLICHTEN**. Jedes Familienmitglied übernimmt bestimmte Aufgaben wie Blumen gießen, den Mülleimer leeren, vor den Mahlzeiten den Tisch decken, den Geschirrspüler ausräumen. So übernimmt jeder ein Stück Verantwortung und trägt seinen Teil zur Hausarbeit bei. Wichtig allerdings: Sagen Sie Ihrem Sprössling nicht ständig, wann er etwas wie zu machen hat, und mäkeln Sie keinesfalls unnötig an erledigten Arbeiten herum. Sonst ist die Motivation schnell futsch.
- Helfen Sie Ihrem Kind, wenn es Sie darum bittet, etwa beim Aufräumen oder beim Basteln eines Geschenks. Bitten Sie umgekehrt auch um seine Hilfe, etwa beim Kuchenbacken oder bei Gartenarbeit.
- Achten Sie ganz bewusst darauf, wie viel Zeit Sie gemeinsam mit Ihrem Kind etwas tun. Überlegen Sie, ob das ausreicht oder ob Sie mehr zusammen »arbeiten« sollten.
- Erzählen Sie Ihrem Sprössling immer wieder, wie und wo Sie mit anderen Menschen erfolgreich etwas zusammen gemacht haben: im Beruf mit Kollegen, im Sportverein beim Bau des neuen Vereinshauses, mit Freunden bei deren Umzug. Kids, die solche Beispiele vor Augen haben, vielleicht sogar selbst dabei sind und mithelfen, werden garantiert nicht zum Eigenbrötler und Selfmademan. Sie bekommen schon von klein auf eine Menge Teamgeist mit auf ihren Lebensweg.

Zukunftscoaching-Tipps

Teilen lernen

Helfen Sie Ihrem Kind, teilen zu lernen: Der KUCHEN ist noch nicht aufgeschnitten, alle wollen ein gleich großes Stück. Sie haben eine Tafel Schokolade für drei Kids. Schafft es Ihr Kind, gerecht zu verteilen?

Raus ins Leben

Stubenhocker und Einzelgänger sind selten gute Teamplayer. Sorgen Sie dafür, dass Ihr Kind möglichst viel Kontakt zu anderen Kids hat: Schicken Sie es in Spiel- und Sportgruppen. Knüpfen Sie Kontakte in der Nachbarschaft, in Kindergarten und Schule. Laden Sie Besuch zum Spielen ein. Gerade für Einzelkinder ist das wichtig.

»Die **Egoisten** zerstören die sozialen Systeme.
Die **Altruisten** zerstören sich selbst.
Beides ist sozial-dumm.«

[Prof. Dr. Dr. Michael Kastner | *Organisationspsychologe*]

4

Kein Spielzeug für Einzelgänger

Achten Sie darauf, dass Ihr Sprössling Spielzeug hat, das man besser zu zweit oder mit mehreren benutzen kann als allein und das auch zum Miteinander-Reden anregt. So ist er auf Spielkameraden angewiesen.

Gastgeber spielen

Besuch zu bekommen ist schön. Erlauben Sie auch Ihrem Kind, öfter Gäste einzuladen. Mischen Sie sich nicht ein. Kleine Leute sollten schon früh üben, auf andere Kinder zuzugehen und Kontakt aufzunehmen. Wenn nötig, können Sie bei der Feinabstimmung helfen.

Viel Spielzeit schenken

Spielen Sie, vor allem solange Ihr Kind noch klein ist, viel mit ihm: **AMÜSIEREN** Sie sich zusammen bei Ball- und anderen Sportspielen wie beispielsweise Schubkarrenlauf. Machen Sie an Regennachmittagen Gesellschaftsspiele mit der ganzen Familie. Tanzen, singen und musizieren Sie zusammen.

Regeln aushandeln

Stellen Sie gemeinsam mit Ihren Kindern **REGELN** auf, die zu Hause gelten sollen. Sprechen Sie über deren Sinn und Unsinn, und klären Sie, wer dafür verantwortlich ist, dass diese im Familienteam festgelegten Regeln eingehalten werden.

Fit-für-die-Zukunft-Spiele

Turmbau

Das gemeinsame Bauen von Objekten aus Bausteinen, Pappe oder Holz ist ein **SUPERTRAINING** für den Teamgeist – nicht nur für kleine Mitspieler.

→ Bauen Sie zusammen mit der ganzen Familie aus Bauklötzen oder anderen Gegenständen einen möglichst hohen Turm. Gestapelt wird reihum, jeder setzt immer nur einen Klotz. Messen Sie Ihr **GEMEINSAM** vollbrachtes Werk. Vielleicht schaffen Sie am nächsten Tag ein noch höheres Bauwerk.

Gemeinsam aufstehen

→ Zwei etwa gleich große Kinder sitzen Rücken an Rücken auf der Erde. Sie haken ihre Arme unter. Dann versuchen sie, auf ein Zeichen hin gemeinsam aufzustehen. Ob das klappt?

Stocktransport

Hier können Sie Mannschaften gegeneinander antreten lassen.

- Immer zwei Kinder stehen einander gegenüber und halten zwei Stöcke zwischen sich, die etwa so lang wie Besenstiele sind. Auf dieser »Trage« müssen sie nun Gegenstände transportieren: verschieden große Bälle, eine mit Wasser gefüllte Gießkanne, einen Blumentopf…
- Um es noch schwieriger zu machen, können Sie natürlich auch einen Parcours aufbauen, über den der Transport erfolgen muss: eine niedrige Hürde, Hüte zum Slalomlaufen, ein Brett als »Weg«.

Fühlkiste

Noch ein Wettkampf, bei dem Zweierteams spielen.

- Schneiden Sie mit einem Teppichmesser in einen großen KARTON auf zwei gegenüberliegenden Seiten jeweils zwei Löcher. Diese müssen so groß sein, dass Kinderarme durchpassen. Im Karton liegen zehn verschiedene zweiteilige Dinge, die man zusammenstecken oder -schrauben kann: Filmdosen mit Deckel, Schraubgläser, Gewindeschrauben mit Mutter, große Druckknöpfe… Je komplizierter die Gegenstände, desto schwieriger und SPANNENDER das Spiel!
- Jedes Zweierteam muss in einer bestimmten Zeit (zum Beispiel fünf Minuten) möglichst viele Dinge zusammensetzen. Verabreden Sie vorab, ob während des Spiels gesprochen werden darf oder nicht.

Paketspiel

Wie gut funktioniert Ihr »Team Familie«? Testen Sie es!

- Stellen Sie sich alle ganz eng zusammen und umarmen Sie sich dabei. Jetzt ist IHRE FAMILIE ein dickes Paket. Das muss von einem Raum in den anderen wandern – ohne dabei auseinander zu brechen!
- Auch witzig: Probieren Sie mal aus, wie viele Familienmitglieder oder Freunde gleichzeitig auf einem einzigen Stuhl Platz nehmen können.

Interview mit Jörg Löhr, Persönlichkeits- und Erfolgstrainer, Initiator der Schülercamps

Was brauchen Kinder, um in der Welt von morgen Erfolg zu haben?

Was werten wir denn als Erfolg? Wohlstand, berufliche Karriere? Als Eltern ertappt man sich ja schon mal dabei, Berufswege der Kinder vorauszuplanen...

Ich denke, da beginnen schon die Probleme. Wenn ich von Erfolg spreche, dann meine ich Lebenserfolg – und der kann ganz unterschiedlich aussehen. Es bedeutet vor allem, seine eigenen, individuellen Stärken zu leben, die eigenen Vorstellungen vom Leben zu entwickeln und eigene Ziele zu verwirklichen. Neben Sicherheit, Geborgenheit und Liebe, die das Elternhaus als wichtige Basis geben muss, ist deshalb entscheidend, dass Eltern und Lehrer die individuellen Fähigkeiten von Kindern (an)erkennen und fördern. Kein Kind ist wie das andere. Ein erfolgreiches Leben zu führen bedeutet, sein Leben auf den eigenen Talenten zu gründen. Nur wenn ich das tue, was ich gern und gut tue, kann ich ein erfülltes, glückliches und letztlich auch erfolgreiches Leben leben. Dazu müssen wir unsere Kinder ermutigen. Natürlich gibt es auch Schlüsselqualitäten, die ein erfolgreiches Leben wahrscheinlicher machen. Grundfähigkeiten wie die Bereitschaft zu lebenslangem Lernen, Kommunikations- und Teamfähigkeit. Auch Urteilsvermögen, Eigenständigkeit und persönliche Verantwortung sind wichtige Erfolgsfaktoren – heute und in Zukunft.

Werden diese Qualitäten schon ausreichend in Schule und Elternhaus gefördert? Was sollte verbessert werden?

Selbstverständlich müssen Kindern in der Schule wichtige Grundlagen vermittelt werden. Aber in einer Welt, in der sich Wissen ständig verändert, sollte man sich mehr darauf stützen, Grundkompetenzen zu vermitteln, Neugier zu entfachen und Strategien fürs Lernen an die Hand zu geben. Lernen lernen sollte auf jedem Stundenplan stehen: Wie kann ich mein Potenzial nutzen? Wie kann ich mein Gedächtnis trainieren? Wie werde ich mental stark? Ebenso wichtig: Wie bewältige ich Konflikte? Wie kommuniziere ich besser? Ich fände es toll, wenn an den Schulen – in einer Art Tutorensystem – jüngere von älteren Schülern gecoacht würden. Davon profitieren beide Seiten! Und ich fände es spannend, Talenttests in der Schule durchzuführen, um die Kids besser und individueller zu unterstützen. Eines ist auch klar: Wer Kinder fit für die Zukunft machen möchte, der muss sich Zeit für sie nehmen und Engagement zeigen – Lehrer ebenso wie Eltern.

Was steht in Ihren SchülerCamps auf dem Programm?

Das Motto der SchülerCamps heißt »Lernen neu erleben«. Ganz zentral ist der Gedanke, Lernen mit Spaß und Aktion zu verbinden. Wir bieten eine spannende Mischung aus Information, Erleben, Reflexion und einem wachsenden Wir-Gefühl in der Gruppe. Es ist spannend, zu sehen, welcher Teamgeist sich da entwickelt und wie die Kids über sich selbst hinauswachsen. Wichtig sind uns auch die SchülerCamp-Seminare: Gearbeitet wird dort zu den Themen Persönlichkeitsentwicklung, Ernährung und Gesundheit, Lernen mit Freude, Konfliktmanagement. Zudem können sich die Camp-Teilnehmer in Projektgruppen je nach Talent und Neigung ausprobieren: In diesem Jahr gab es zum Beispiel eine Zirkusgruppe, beim Projekt Camp-Zeitung konnten sich Jugendliche als Reporter ausprobieren, und ein Internetteam gestaltete die Internetplattform www.schuelercamp.com

Was möchten Sie Ihrem eigenen Kind mit auf den Weg in die Zukunft geben?

Ich wünsche mir für meinen Sohn ein zufriedenes, glückliches und selbstbestimmtes Leben. Vermitteln möchte ich ihm vor allem ein gesundes Selbstvertrauen, ein Grundvertrauen in die eigenen Fähigkeiten. Ich will seine Talente fördern, so gut ich kann, ihn bei seinen Plänen unterstützen, ihm Mut machen. In meinem Beruf bin ich viel unterwegs – doch ich plane ganz bewusst Zeiten ein, in denen ich nur für ihn da bin.

Konfliktfähigkeit: Fair streiten lernen

»Den brauche ich aber!« – »Gib her. Den Achter habe ich mir gerade rausgelegt.« – »Nein, den Roten will ich. Sonst fehlt mir einer, um das Teil hier fertig zu machen.« – Mein Sohn packt zu und grapscht nach dem Zankapfel. Er verschwindet in seiner Faust. »Du bist gemein!« kreischt wie eine Sirene meine Tochter. Markerschütterndes Gebrüll schallt durchs ganze Haus. »Dumme Kuh!« dröhnt es zurück.

Und das alles wegen eines einzigen Legosteins! Wo mögen nur ihre 2000 anderen geblieben sein?...

Auch wenn wir Erwachsenen es oft nicht verstehen – Zoff im Kinderzimmer lässt sich wohl kaum vermeiden. Interessenkonflikte und Meinungsverschiedenheiten gehören nun mal zum Leben dazu – bei kleinen wie bei großen Leuten. Und nur weil man sich mal streitet, geht die Welt nicht gleich unter. KONFLIKTE müssen keine Katastrophe sein. In ihnen kann durchaus eine Chance stecken – vorausgesetzt, alle Beteiligten bemühen sich, konstruktiv und einvernehmlich eine Lösung zu finden. FAIR STREITEN lernen heißt deshalb die Devise – und das können Kids am besten zu Hause:

- Beobachten Sie sich einmal selbst. Wie verhalten Sie sich bei einem Streit? Wie gehen Sie an Konflikte heran? Wie versuchen Sie, sie zu lösen? Aus Ihrem Vorbild lernt Ihr Kind sehr viel.
- Bemühen Sie sich, auch bei Zoff **RUHIG ZU BLEIBEN**. Falls Sie doch einmal ausrasten sollten, entschuldigen Sie sich später dafür.
- Denken Sie daran, dass kleine Leute Sie ab und zu auch absichtlich provozieren und ihre Grenzen austesten wollen. Fallen Sie nicht auf diese **MACHTSPIELCHEN** herein. Sagen Sie klar und deutlich, was Sache ist, und weichen Sie keinen Zentimeter davon ab.
- Verhalten Sie sich Ihrem Kind gegenüber immer offen und kooperativ. Vermeiden Sie Geheimnistuerei oder aggressive Seitenhiebe.
- Bestrafen Sie Ihren Sprössling nach einem Streit nicht. Verkneifen Sie sich negative Reaktionen. Machen Sie ihn nicht lächerlich, demütigen Sie ihn nicht, lassen Sie ihn keine Abneigung spüren und behandeln Sie ihn nicht wie Luft. Für kleine Leute ist es schon schlimm genug, einen Konflikt aushalten zu müssen. Wenn sie wissen, dass sie auch noch mit einer Strafe rechnen müssen, kehren Sie Probleme beim nächsten Mal garantiert unter den Teppich. Doch ohne das häusliche Trainingslager wird Ihr Kind kaum fit für spätere Auseinandersetzungen. Denn nur Übung macht fit für Konfliktlösung. Hilfreich für die Kids ist es, wenn Sie exakte **STREITREGELN** aufstellen, an die sich wirklich alle halten müssen. So lernen sie von klein auf, sich mit anderen fair auseinander zu setzen.
  - Auch wenn wir uns streiten, bleiben wir sachlich, ruhig und höflich. Wir vermeiden persönliche Vorwürfe (zum Beispiel: »Du fängst immer an ...«). Schimpfwörter und Beleidigungen sind **TABU**.
  - Jeder sagt eindeutig, was für ihn der Streitpunkt ist – am besten in **ICH-BOTSCHAFTEN** (also zum Beispiel: »Ich möchte das neue PC-Spiel zuerst allein ausprobieren.«).
  - Ist etwas unklar, fragen wir direkt nach. So lassen sich Konflikte durch Missverständnisse oder falsche Interpretationen vermeiden.

Oft sind unter der Oberfläche starke GEFÜHLE und ganz andere Gedanken als die geäußerten verborgen.

- Es gibt Konflikte, die man nicht selbst lösen kann, weil man innerlich zu stark beteiligt ist. Dann ist es manchmal in Ordnung, auseinander zu gehen und trotzdem unterschiedlicher Meinung zu bleiben. Auch dann bricht die Welt nicht zusammen. Das können Kinder nicht früh genug lernen.

Gemeinsam Lösungen finden

1 → JEDER KOMMT ZU WORT

Bei einem Problem sagen zunächst alle Beteiligten, wie sie die Angelegenheit sehen und formulieren dann deutlich ihre persönlichen Interessen.

2 → IDEEN GESUCHT

Nun suchen alle gemeinsam nach möglichst vielen Lösungsvorschlägen für dieses Problem.

3 → WIN-WIN-SITUATION ANSTREBEN

Jetzt überlegen alle, welche Lösung die fairste und praktikabelste ist. Am besten gibt es keinen Gewinner und keinen Verlierer.

4 → ALLEN GERECHT WERDEN

Gibt es keine eindeutige Lösung, schließen wir einen Kompromiss, der möglichst allen gerecht wird.

5 → DER PRAXISTEST

Stimmen alle einer Lösung zu, legen wir sämtliche Einzelheiten genau fest. Dann muss ausprobiert werden, ob die Lösung so funktioniert.

Zukunftscoaching-Tipps

Leben lernen – am besten spielerisch

Spielen Sie viel mit Ihrem Kind. Spiele haben Regeln. Und kleine Leute lernen dabei, dass man nicht immer nur gewinnen kann, sondern ab und zu auch mal verliert. So ist das Leben!

Im Alltag »trainieren«

Auf ihre Mitmenschen Rücksicht zu nehmen, Verständnis zu haben und Konflikte konstruktiv statt mit Gewalt zu lösen – das lernen Kids nur im Kontakt mit anderen. Da ist der Alltag eine gute Schule. Sorgen Sie deshalb dafür, dass Ihr Kind in entsprechenden Situationen übt:

- Spielzeug zu teilen
- Entschuldigungen auszusprechen und Fehler zuzugeben
- anderen richtig zuzuhören und Verständnis für sie zu zeigen
- selbst Regeln einzuhalten
- Gewalt – physische wie psychische – zu vermeiden und seine Wut oder Enttäuschung angemessen auszudrücken
- über seine eigenen Gefühle zu sprechen
- Konflikte möglichst selbstständig zu lösen
- Schwächere zu unterstützen und Rücksicht zu nehmen.

4

Gespräche ganz in Familie

Treffen Sie sich mindestens einmal in der Woche zu einer Familienkonferenz, am besten immer zum gleichen Zeitpunkt und mit den gleichen Ritualen. Das ist für alle Familienmitglieder eine gute Gelegenheit, ihre Wünsche und Bedürfnisse zu äußern, Kritik zu üben, Vorschläge einzubringen und über Dinge zu reden, die im Laufe der Woche GUT ODER SCHLECHT gelaufen sind. So üben kleine Leute, ihre Interessen zu artikulieren und Kompromisse einzugehen.

Gemeinsam Rückblick halten

Lassen Sie abends gemeinsam mit Ihrem Kind den Tag noch einmal Revue passieren. Kindergartenkids können Sie zum Beispiel eine FANTASIEVOLLE GESCHICHTE von Elfen und Zwergen erzählen, die von Erlebnissen Ihres Sprösslings berichten. Zwischendurch fragen Sie immer wieder nach: »Was sagst du denn dazu?« oder »Kann man das auch anders machen?« Größere Kinder können dann schon konkret von den Ereignissen des Tages, den guten wie den ärgerlichen, berichten. Und Sie selbst sollten unbedingt auch Rückmeldungen geben. Achten Sie dabei aber auf die Wahl Ihrer Worte! Statt: »Du warst heute aber grässlich stinkig!« sagen Sie besser: »Ich war heute Nachmittag ganz hilflos, als du die Tür so zugeknallt hast. Magst du mir erzählen, was los war?« So machen Sie Ihrem Kind anstelle von Vorwürfen ein versöhnliches Gesprächsangebot.

> Bei jedem Streit ziehe die **Versöhnung** selbst dem **leichtesten** Sieg vor.
>
> [Georg Christoph Lichtenberg | *deutscher Physiker*]

Fit-für-die-Zukunft-Spiele

Zankende Puppen

Wenn zwei sich streiten – kann das unschön enden.

→ Zeigen Sie Ihrem Kind das durch ein kleines Puppenspiel: Zwei Handpuppen streiten sich heftig um ein Spielzeugauto. Beide zerren daran und beschimpfen einander laut. Zum Schluss weinen beide und laufen wütend auseinander. Kein gutes Ende! Könnte es nicht anders gehen?

→ Geben Sie Ihrem Kind die Puppen und lassen Sie es die Szene noch einmal selbst spielen – mit einem neuen Schluss. Kann Ihr Kind sich ein Ende ausdenken, das für beide Streithähne gut ausgeht?

Was würdest du tun?

Es gibt immer **MEHR ALS EINE LÖSUNG**, wenn Probleme auftreten. Auch das sollten Kids so früh wie möglich lernen.

→ Machen Sie in der Familie oder mit einer Kinderrunde ein kleines Spiel dazu. Zuerst schreiben Sie auf Zettel verschiedene Situationen, etwa:

- Auf dem Spielplatz sind zwei große Jungen. Ständig reißen sie einem kleinen Kind die Mütze vom Kopf und werfen sie auf die Erde. Was tust du, um dem Kleineren zu helfen?
- Papa will mit dir einen Ausflug machen. Er hat sich extra frei genommen. Du hast heute aber gar keine Lust dazu. Was nun?
- An der Kasse im Supermarkt drängelt eine alte Dame vor.

→ Die Zettel kommen in einen Topf. Einer zieht einen, liest ihn vor und überlegt sich drei Lösungen für das Problem. Alle besprechen, welche Vor- und Nachteile jede dieser Lösungen hat. Zum Schluss wählen alle gemeinsam die beste aus. Nun zieht der Nächste einen Zettel …

Wut-weg-Spiele

Wer so richtig sauer ist, braucht ein Ventil, um die aufgestaute Wut in akzeptable Bahnen zu lenken.

→ Hier drei einfache Cool-down-Ideen:

- Legen Sie heiße Rhythmen auf und lassen Sie die Kiddies zu dieser Musik nach Herzenslust tanzen und hopsen.
- Geben Sie Ihrem kleinen Tobemonster einen Eimer oder Topf. Mit zwei Kochlöffeln kann man wunderbar darauf herumtrommeln. Der Wüterich kann aber auch seinen Frust dort hineinschreien.
- Knüllen Sie Zeitungspapier zu kleinen Bällen und beginnen Sie damit eine Schlacht. Wetten, dass die Wut schnell verraucht?

Organisationstalent:
Ziele setzen

»Wir holen die Brötchen und ihr deckt den Frühstückstisch. Dann kommen wir schneller an den Strand«, bestimmte mein äußerst praktisch veranlagter Sohn gleich am ersten Urlaubstag. Gute Idee, fanden wir und dachten bei uns, ganz skeptische Eltern: Mal sehen, wie oft das klappt! Doch der Lieferservice ins Ferienhaus funktionierte perfekt. Jeden Morgen gab es ofenfrische Brötchen – oft schon, wenn wir noch in den Federn lagen …

Kleine Leute können bereits relativ früh vieles allein schaffen. Leider geben wir ihnen oft nicht die Gelegenheit dazu. Doch nur wenn wir unseren Kindern nicht immer alles ab- und aus der Hand nehmen, können sie SELBSTSTÄNDIG und fit fürs Leben und ihre Zukunft werden. Stellen Sie also das Rundherum-Versorgungs-Programm ein und lassen Sie Ihren Sprössling selbst etwas tun. Organisationstalent kann er nur entwickeln, wenn er lernt, EFFEKTIV mit seinen eigenen physischen und seelischen Kräften, seinen geistigen Fähigkeiten, aber auch mit Zeit und Geld umzugehen.

Um das zu trainieren, braucht er ganz einfach immer neue Herausforderungen. Und die sollten Sie ihm geben:

- Lassen Sie Ihren Sprössling möglichst alles allein machen, was er möchte – vorausgesetzt, die Erfolgschancen stehen gut.
- Achten Sie darauf, dass Ihr Kind nicht überfordert ist. Schrauben Sie Ihre ERWARTUNGEN und Anforderungen langsam und schrittweise dem Alter entsprechend höher. Am besten besprechen Sie vorab mit Ihrem Sprössling, welche Dinge er allein bewältigen kann und wozu er Hilfe braucht.
- Wie organisieren Sie Ihre tägliche Arbeit? Kommentieren Sie das, was Sie gerade tun, und lassen Sie kleine Leute so daran teilhaben:

»Ich schreibe zuerst eine Einkaufsliste. Dann fahre ich beim Bankautomaten vorbei, um Geld zu holen. Danach kaufe ich im Supermarkt ein. Wenn alles erledigt ist, kann ich mein neues Buch lesen.«

- Zeigen Sie Ihrem Kind, dass **PRIORITÄTEN** gesetzt werden müssen. Das Wichtigste kommt immer zuerst! Also: »Du musst erst deine Hausaufgaben machen. Dann können wir das PC-Spiel ausprobieren.«
- Ermutigen Sie Ihren Sprössling, einfache **LÖSUNGEN** zu suchen. Egal ob es gilt ein Problem zu lösen oder eine Arbeit zu erledigen – die erstbeste Lösung führt nicht unbedingt zum Ziel.
- Sparen Sie nicht mit **LOB** für kleine Organisationsprofis. Hat Ihr Kind etwas erfolgreich erledigt, sollten Sie dies anerkennen und gebührend feiern. Was meinen Sie, wie stolz es auf seine Leistung ist!

Zukunftscoaching-Tipps

Moment oder Ewigkeit: Frage des Gefühls

Kinder haben kein **ZEITGEFÜHL**. Sie müssen erst lernen, wie lange es dauert, bis eine Schulstunde um ist oder bis sie von zu Hause bis zum Schwimmbad geradelt sind. Stoppen Sie ab und zu mal die Zeit, um Ihrem Sprössling zu zeigen: Du hast jetzt zehn Minuten zum Umziehen gebraucht. Oder schließen Sie Zeitwetten miteinander ab: Was schätzt du, wie lange wir zum Einkaufen brauchen? Nur wer weiß, was wie viel Zeit kostet, kann später seine Zeit gut managen.

Struktur braucht Regeln und Klarheit

Um erfolgreich organisieren zu können, ist auch eine gewisse Ordnung im Kopf nötig. Die kann sich nur entwickeln, wenn Ihr Kind nicht im Dauerchaos lebt. Ganz wichtig ist deshalb, dass es lernt, in seiner Umgebung Ordnung zu halten. Helfen Sie ihm dabei durch Zupacken, aber auch durch praktische Helfer (Boxen, Ablagekörbe).

Vorfreude auf Schönes

Planen Sie mit Ihrem Kind gemeinsam den Tag oder die Woche: Welche Tage sind durch feste Termine blockiert? An welchen könnten wir schwimmen gehen? Welche Fernsehsendungen wollen wir sehen? Was unternehmen wir am Wochenende? Tragen Sie alles auf einem Plan ein. Wenn Ihr Kind noch nicht schreiben kann, zeichnen Sie Symbole.

Ziele zwischen Himmel und Erde

Organisationsgenies haben klare Ziele und geben nicht vorschnell auf. Ermutigen Sie Ihr Kind deshalb, auch mal etwas auszuprobieren, was ihm noch etwas zu schwer erscheint. Versprechen Sie, ihm notfalls zu helfen. Wichtig ist jedoch, dass gesteckte Ziele realistisch sind. Aus kleinen Rückschlägen kann man lernen. Doch wer immer nach Sternen ganz weit oben greift, erwischt sie nie – das bringt Frust.

ZUKUNFTSTIPP

Nur Übung macht den Organisationsmeister

Und so wird trainiert: Tragen Sie Ihrem Sprössling ab und an mehrere Dinge auf, die er erledigen soll. Lassen Sie ihn überlegen, in welcher Reihenfolge er ans Werk gehen will: »Ich räume erst mein Zimmer auf, trage dann die schmutzige Wäsche zur Maschine und rufe zum Schluss Opa an.«

Oder wie wär's, wenn Ihr Kind mal eine kleine Mahlzeit vorbereitet, eine Quarkspeise oder einen Salat? Für solche umfangreichen Arbeiten kann es sogar sinnvoll sein, einen Organisationsplan zu machen: Rezept aufschreiben, Einkaufszettel schreiben, Geld bereitlegen, einkaufen, Gericht zubereiten…

Fit-für-die-Zukunft-Spiele

Mini-Kräutergarten

Nicht jeder hat einen eigenen Garten. Ein Minibeet für Balkon oder Fensterbank können kleine Leute aber sogar in einer Obstkiste anlegen.

→ Lassen Sie Ihr Kind erst einmal ÜBERLEGEN, was es gern anpflanzen möchte. Sollen Kräuter oder Blumen wachsen oder beides? Vielleicht ist es gut, eine Skizze, einen Pflanzplan zu machen. Und wie viel Saat passt überhaupt in eine Obstkiste? Wie viel Blumenerde braucht man?

→ Sind alle Vorüberlegungen abgeschlossen, geht es an die praktische Umsetzung: Obstkiste mit einem Stück Folie auslegen, Erde einfüllen, säen. Sprießt der Minigarten, muss er gegossen und gepflegt werden.

Stell dir vor, du sollst …

Gute Planung beginnt im Kopf. Wer sich vor seinem inneren Auge in allen Einzelheiten vorstellen kann, wie sich eine Aufgabe erfolgreich bewältigen lässt, ist schon ein ordentliches Stück weiter. Üben Sie das SPIELERISCH mit Ihrem größeren Kind.

→ Stellen Sie einander dazu fiktive Aufgaben: Stell dir vor, du sollst …

- dein Zimmer renovieren
- deine Geburtstagsparty planen und vorbereiten
- am Sonntag fürs Mittagessen sorgen
- fürs Schulfest einen Salat mitbringen

Ihr Kind muss nun überlegen: Wie packt man das an?

> Sobald der **Geist** auf ein **Ziel** gerichtet ist, kommt ihm vieles **entgegen**.
>
> [Johann Wolfgang von Goethe | *deutscher Dichter*]

Stressresistenz: Gelassen bleiben – die Balance finden

»Puh, bin ich gestresst«, jammert meine achtjährige Tochter, lässt sich auf der Stelle auf die Erde fallen und streckt sich lang aus. »Ich muss mich erst mal entspannen. Omm, omm, omm …« Offensichtlich hat sie das Geheimrezept für ein Blitz-Anti-Stress-Programm entdeckt: Nach kaum 40 Sekunden springt sie wieder auf, fit wie ein Turnschuh. Ob sie mir verrät, wie sie das macht? …

Kinder haben von Natur aus eine eingebaute **STRESSBREMSE**. Wird ihnen etwas zu viel, schalten sie ab. Vorausgesetzt, sie haben die Chance dazu. Denn immer öfter ist ihr Alltag so vollgestopft und hektisch, dass keine Frei-Zeit mehr bleibt, dass nicht einmal kleine Auszeiten drin sind. Kein Wunder, wenn irgendwann die feinen Antennen für übermäßige Anspannung nicht mehr reagieren und das **FRÜHWARNSYSTEM** für Stress ausgeschaltet wird.

So weit dürfen wir Eltern es gar nicht erst kommen lassen. Statt älteren Kids mit aufwendigen Entspannungstrainings wieder zu mehr Ruhe zu verhelfen, sollten wir besser unsere Kinder dabei unterstützen, von klein auf ihre **GELASSENHEIT** zu bewahren. **ENTSCHLEUNIGEN** Sie Ihr Familienleben, entdecken Sie für sich und Ihre Kinder die **LANGSAMKEIT** neu. Sie ist wertvoll. So lernt Ihr Sprössling, entspannter durchs Leben zu gehen:

- Werfen Sie einmal einen kritischen Blick in Ihren eigenen Terminkalender. Wie eng planen Sie? Welche Dates betreffen nicht nur Sie selbst, sondern auch Ihr Kind? Streichen Sie knallhart alles, was wirklich nicht unbedingt sein muss.
- Überprüfen Sie gemeinsam mit Ihrem Sprössling einen »ganz nor-

malen« Tag. Gibt es genug Zeit zum Spielen und Entspannen? Gibt es Ruheinseln? Wenn nicht, planen Sie bewusst **PAUSEN** ein. Und setzen Sie sich mindestens einmal täglich zusammen – zum **NICHTS-TUN.**

- Entspannen Sie Ihr Familienleben durch Ruherituale: Stehen Sie morgens etwas früher auf und kuscheln Sie noch etwas; nehmen Sie sich Zeit für ein gemütliches Frühstück ohne Radioberieselung; machen Sie eine kleine Mittagsstunde; lesen Sie jeden Abend eine Gute-Nacht-Geschichte.

Balance
Ausgleich
Gleichgewicht

- Achten Sie darauf, dass Ihr Kind nicht überfordert ist. Am besten folgen **ANSPANNUNG UND ENTSPANNUNG** im ständigen Wechsel. Also: Nach den Hausaufgaben oder einer Computersitzung unbedingt für Bewegung sorgen.
- Gönnen Sie Ihrem Kind seine Freizeit – also wirklich Zeit zur freien Verfügung, eine **AUSZEIT**, in der es auch einfach mal gar nichts tut außer dösen und träumen. Fragen Sie nicht ständig: »Was tust du gerade?« oder »Hast du nichts zu tun? Spiel doch etwas!« Lassen Sie es einfach eine Pause machen. So lernt es, sich gezielt aus dem Trubel und Chaos des Alltags zurückzuziehen, bewusst allein zu sein und daraus neue Kraft und Kreativität zu schöpfen.

Wichtig ist immer, die richtige **BALANCE** zu finden. Schließlich ist Anspannung nicht grundsätzlich schlecht. Wer zum Sprung über einen Graben ansetzt, hat bestimmt Spaß dabei. Und wer mit Freude und Eifer bei der Sache ist, empfindet die Anspannung dabei als etwas Tolles. Dieser positive Stress, der **EUSTRESS**, kann ganz schön beflügeln. Kritisch wird's erst, wenn er in belastende Anspannung umkippt, wenn daraus **DISSTRESS** wird. Ist der Graben zum Beispiel sehr breit und tief mit Wasser gefüllt, flößt er wahrscheinlich eher Angst ein. Genau herauszufinden, ab wann das Pendel von der guten zur schlechten Seite ausschlägt, ist der erste Schritt zu mehr Gelassenheit.

Kinder müssen deshalb lernen zu erkennen, was ihnen persönlich negativen Stress bereitet. Und dabei müssen wir Eltern ihnen anfangs helfen:

- Kleine Leute reagieren auf Stress anders als Erwachsene. Sie schalten einfach völlig ab, »**VERGESSEN**« sich im Spiel, schreien ihre Wut heraus, weinen oder ziehen sich zurück. Solche Reaktionen verlangen von uns Verständnis, emotionale Wärme und Geborgenheit. Gleichzeitig können wir daran ablesen, was unser Kind überfordert.
- Beobachten Sie doch einmal über einen gewissen Zeitraum hinweg, welche **STRESSOREN** Ihrem Sprössling zu schaffen machen: Bewegungsmangel, ein zu voller Terminkalender, zu hoher Erwartungsdruck (etwa bei Schulleistungen oder sportlichen Erfolgen), ein falscher Umgang mit der Zeit, Angst, Wettbewerb, Lärmbelästigung, Geschwisterrivalität, äußere Umstände (Umzug, neuer Kindergarten, Trennung der Eltern). Vielleicht lässt sich einiges davon abstellen.
- Sprechen Sie mit Ihrem Kind über Ihre Beobachtungen: »Ich habe das Gefühl, dass du vor Rechenarbeiten besonders nervös bist. Ist das eine stressige Situation für dich? Wie fühlst du dich unter Stress? Wo fühlst du Stress – im Bauch, im Kopf?
- Überlegen Sie gemeinsam, was gegen den unangenehmen Stress helfen könnte. Was entspannt am besten? Was ist in der jeweiligen Situation praktikabel?

- Lassen Sie Ihr Kind verschiedene Möglichkeiten sich zu entspannen ausprobieren: Vielleicht verströmt bei der Rechenarbeit ein runder Speckstein als Handschmeichler die nötige Ruhe. Oder Sie üben zusammen durch tiefes Ein- und Ausatmen Stress »wegzupusten«. Wichtig ist, dass kleine Leute wissen, was ihnen ihre Gelassenheit raubt und wie sie ihre Balance wiederfinden können. Damit legen sie sich bereits ein gutes Stresspolster und eine erste Palette an Stresskillern für die Zukunft zu.

Zukunftscoaching-Tipps

Bewegter Alltag killt den Stress

Sorgen Sie dafür, dass Ihr Kind dem Stress davonläuft. Bewegung baut Anspannung ab und verhindert, dass sich neue aufstaut. Gleichzeitig setzt sie im Körper Glückshormone frei. Spielen, laufen, hüpfen und toben an der frischen Luft, Fußballspielen auf der Wiese und im Verein Sport treiben – erlaubt ist, WAS SPASS MACHT. Hauptsache, Ihr Kind lässt sich nach der Schule nicht direkt im Fernsehsessel oder vor dem PC nieder.

4

Freizeit – auch mal im Schneckengang

Verbringen Sie die Wochenenden und Ferien nicht ständig in hektischer Betriebsamkeit in Freizeitparks, Spaßbädern, Shoppingzentren und auf Jahrmärkten. Machen Sie stattdessen gemeinsame Spaziergänge und Ausflüge in die Natur, arbeiten Sie im Garten, beobachten Sie Vögel oder genießen Sie mit Ihrem Kind einen Sonnenauf- oder -untergang. Etwas weniger Betriebsamkeit tut allen gut. Nur so kann sich Gelassenheit ausbreiten. Und wer lernt, auch auf die kleinen Dinge des Lebens zu achten, geht mit sich selbst und seinem Körper ebenfalls ACHTSAMER um.

Stress einfach wegstreicheln

KUSCHELN UND SCHMUSEN Sie viel mit Ihrem Kind. Sanfte Berührungen verringern den Pegel des Stresshormons Kortisol. Auch eine entspannende Massage verwöhnt. Das sind nicht nur Streicheleinheiten für die Haut, sondern auch für eine gestresste Seele.

Entspannungstechniken ausprobieren

Üben Sie mit Ihrem Kind gezielt Entspannungstechniken wie Autogenes Training, Progressive Muskelentspannung und Kinderyoga. **KURSE** veranstalten zum Beispiel Volkshochschulen und Familienbildungsstätten. Es gibt aber auch Bücher und CDs, mit denen Sie zu Hause arbeiten können.

Fit-für-die-Zukunft-Spiele

Baum im Wind

Bewegung ist ein echter **STRESSKILLER**. Lassen Sie Ihr Kind seine Spannungen deshalb einfach abschütteln.

→ Am besten stellt es sich mit leicht gegrätschten Beinen und lockeren Knien bequem hin. Nun schüttelt es seinen ganzen Körper gut durch – als wäre es ein Baum, dessen Äste und Blätter vom Wind ordentlich durchgepustet werden. Der Wind kann mal stärker blasen, dann etwas abflauen, um anschließend wieder tüchtig aufzufrischen. Vielleicht mag Ihr Kind dazu auch eine wilde Musik hören.

→ Nach etwa fünf Minuten lässt der Wind nach, die Musik wird ruhiger, der »Baum« kommt allmählich zur Ruhe, schwingt nur noch ganz sanft hin und her und bleibt endlich still stehen, die Füße fest auf dem Boden. Jetzt atmet Ihr Kind langsam und gleichmäßig ein und aus. Dabei stellt es sich vor, dass es seine Wurzeln tief in die Erde schlägt.

Ballmassage

Simpel, aber wirkungsvoll: Mit einem Tennisball können Sie **STRESS** einfach wegmassieren.

→ Dazu legt Ihr Kind sich gemütlich auf eine Decke oder Matte. Sie lassen den Tennisball in langsamen kreisenden Bewegungen über seinen Körper wandern. Am besten fangen Sie im Nacken an. Wenn Sie bei den Füßen ankommen, ist die Anspannung bestimmt verschwunden.

→ Hat Ihr Sprössling Lust, kann er danach auch Sie massieren.

Wolkenreise

Mit den Wolken über den Himmel ziehen, weit, weit fort und allen Stress hinter sich lassen – wer träumt nicht davon? Kleine Leute können es zumindest einmal versuchen!

→ Einfach in den Garten oder auf eine Wiese legen, nach oben schauen und sich **VON DEN EIGENEN GEDANKEN** forttragen lassen:

- Wo kommen die Wolken wohl her? Wohin reisen sie jetzt?
- Was sehen die Wolken auf ihrer Reise unter sich?
- Auf was sind sie neugierig? Wen würden sie gern besuchen?
- Wohin soll mich die Wolke mitnehmen?

QUELLENVERZEICHNIS

1 Europäische Kommission: wichtiger institutioneller Bestandteil der Europäischen Union

2 Umfrage des Marktforschungsinstituts EMNID im Auftrag der Zeitschrift »Eltern for family«

3 Dr. Alan D. Davidson, Entwicklungspsychologe, Kinder- und Familientherapeut, und Robert E. Davidson, Personalfachmann, in ihrem Buch „Lust aufs Leben“

4 Umfrage des Marktforschungsinstituts Infratest im Auftrag der Zeitschrift »Familie & Co«

5 Prof. Dr. Horst W. Opaschowski: Erziehungswissenschaftler und Leiter des B.A.T.-Freizeitforschungsinstituts, Hamburg, in: »Deutschland 2010«

6 ePeople-Studie des Marktforschungsinstituts EMNID im Auftrag von AOL Deutschland

7 Umfrage des Marktforschungsinstituts EMNID im Auftrag der Zeitschrift »Brigitte woman«

Bücher & Adressen, die weiterhelfen

Bücher

Bergmann, W., *Gute Autorität. Grundsätze einer zeitgemäßen Erziehung,* Beust Verlag

Davidson, A./Davidson, R., *Lust aufs Leben. Was Eltern ihren Kindern mitgeben können,* Campus

Elschenbroich, D., *Weltwissen der Siebenjährigen. Wie Kinder die Welt entdecken können,* Kunstmann Verlag

Horx, M., *Das Zukunfts-Manifest. Aufbruch aus der Jammerkultur,* Econ

Horx, M., *Future Fitness. Wie Sie Ihre Zukunftskompetenz erhöhen. Ein Handbuch für Entscheider,* Eichborn

Huck-Schade, J.M., *Soft Skills auf der Spur. Soziale Kompetenzen: weiche Fähigkeiten – harte Fakten,* Beltz

Hurrelmann, K./Unverzagt, G., *Kinder stark machen für das Leben. Herzenswärme, Freiräume, klare Regeln,* Herder

Konnertz, D./Sauer, C., *Fit für die Zukunft. Ziele, Zeit und Zukunft planen,* Schmidt Verlag

Metzinger, A. , *Kindsein heute. Zwischen zuviel und zuwenig,* Hampp Verlag

Morin, E., *Die sieben Fundamente des Wissens für eine Erziehung der Zukunft,* Krämer

Murphy-Witt, M., *Konsequente Eltern – glückliche Kinder,* Südwestverlag

Opaschowski, H.W., *Generation @. Die Medienrevolution entläßt ihre Kinder: Leben im Informationszeitalter,* BAT

Opaschowski, H.W., *Deutschland 2010. Wie wir morgen leben– Voraussagen der Wissenschaft zur Zukunft unserer Gesellschaft,* BAT

Schiffer, P./von der Linde, B., *Mit Soft Skills mehr erreichen. Trainieren Sie Ihre sozialen Kompetenzen,* Verlag moderne Industrie

Stamer-Brandt, P. u. a., *Das Eltern-Survival-Buch,* Christophorus

Struck, P., *Erziehung für das Leben. Kinder für die Zukunft stark machen,* Südwestverlag

Valentin, L., *Mit Kindern neue Wege gehen. Erziehung für die Welt von morgen,* Rowohlt

Wolff, K. (Hrsg.), *Ohne Bildung keine Zukunft. Sind unsere Bildungskonzepte noch zeitgemäß?,* Frankfurter Allgemeine Buch

Wyrwa, H., *Damit unsere Kinder eine Zukunft haben. 21 Erziehungsstrategien für das 21. Jahrhundert,* Kreuz

Kommunikationsfähigkeit

Goleman, D., *Emotionale Intelligenz,* Hanser

Herbert, M., *Soziale Kompetenz. Den Umgang mit anderen üben,* Verlag Hans Huber

Kastner, M., *Syn-Egoismus. Nachhaltiger Erfolg durch soziale Kompetenz,* Herder

Medienkompetenz

Bergmann, W., *Computer machen Kinder schlau.* und *Digitalkids – Kindheit in der Medienmaschine,* beide Beust

Braun, D., *Lasst die Kinder an die Maus. Wie Kinder in der Kita mit Computern umgehen,* Herder

De Jong, T. M., *So mache ich mein Kind fernseh- und medienfit,* Eichborn

Feibel, T./Biedermann, A., *Der Kinder-Software-Ratgeber,* Rowohlt

Katch, J., *Peng! Du bist tot! Kinder und die Gewalt in den Medien,* Beust

Kreativität

Bostelmann, A. (Hrsg.), *Zauberschwert und Computerschrott,* Luchterhand

Gemmer, B., *Kreativität – fit in 30 Minuten,* Gabal

Grüneisl, G., *Kunst und Krempel,* Ökotopia

Kohl, M.A.F., *Mit Kindern kreativ durchs Jahr,* Verlag an der Ruhr

Seitz, R., *Phantasie und Kreativität,* Don Bosco

Stamer-Brandt, P., *Spielezeit Kreativität,* Christophorus

Konfliktfähigkeit

Gordon, T., *Familienkonferenz. Die Lösung von Konflikten zwischen Eltern und Kindern,* Heyne

Stamer-Brandt, P., *Wut-weg-Spiele,* Christophorus

Organisationstalent

Konnertz, D./Schwarz, H., *Ziele erreichen – fit in 30 Minuten,* Gabal

Seiwert, L. J., *Wenn Du es eilig hast, gehe langsam. Das neue Zeitmanagement in einer beschleunigten Welt,* Campus

Seiwert, L.J./Konnertz, D., *Zeitmanagement – fit in 30 Minuten,* Gabal

Sprenger, R.K./Sauer, C., *Motivation – fit in 30 Minuten,* Gabal

Gelassenheit

Hipp, B., *Stressbewältigung – fit in 30 Minuten,* Gabal

Kabat-Zinn, J., *Im Alltag Ruhe finden,* Herder

Nadolny, S., *Die Entdeckung der Langsamkeit,* Piper

Proßowski, P., *Yoga für Kindergruppen,* Herder

Stiefenhofer, M., *55 Tipps, wie Ihr Kind zur Ruhe kommt,* Christophorus

Zimmermann, M., *Kinder spielerisch zur Ruhe führen,* Gräfe und Unzer

Zukunftswerte

Frenkel, X., *Kindern Werte mitgeben,* Herder

Miller, J., *Mit Kindern Werte entdecken,* Herder

Savater, F., *Tu, was du willst. Ethik für die Erwachsenen von morgen,* Campus

Zukunftsstärke

Hipp, B., *Selbstbewusstsein – fit in 30 Minuten,* Gabal

Schneider, S., *Das Starkmach-Buch,* Christophorus

Zimmer, K., *Widerstandsfähig und selbstbewusst. Kinder stark machen fürs Leben,* Kösel

Musik zum Entspannen

Buntrock, M., *Traumreise,* CD, mentalis

Gibson, D., *Celtic Awakening*, CD, Solitudes

Gomer E., *Dreams of Harmony. Traumhaft harmonische Meditationsmusik für Kinder*, CD, Edition Neptun

Adressen und Links

Informationen zur Medienkompetenz

Aktion Jugendschutz Landesarbeitsstelle Bayern e.V.
Fasaneriestraße 17
80636 München

Broschürenstelle des Bundesministeriums für Familie, Senioren, Frauen und Jugend
Postfach 201551
53145 Bonn
oder
broschuerenstelle@bmfsfj.bund.de

Hier erhalten Sie kostenlos die Broschüren »Geflimmer im Zimmer«, »Ein Netz für Kinder – Surfen ohne Risiko?« und »Der richtige Dreh im www – Familien bewegen sich im Internet«.

Gesellschaft für Medienpädagogik und Kommunikation (GMK);
www.gmk-net.de *(Broschüren und Infos)*

SIN-Studio im Netz
Rupprechtstraße 25
80636 München *(Medienpädagogische Einrichtung)*

www.flimmo.de: *Informationen rund ums Fernsehen*

www.goere.de: *Internetkurs für Kids*

www.internet-abc.de: *alles Wichtige rund ums Web für Eltern und Kinder*

www.kidsville.de: *»Internautenschule« verrät Tricks zum Surfen*

www.seitenstark.de: *Arbeitsgemeinschaft vernetzter Kinderseiten*

Praktisches für kleine Surfer

Als Startseite geeignet:
www.kidnet.de
www.kindernetz.de
www.kindersache.de

E-Mail-Adressen:
www.blinde-kuh.de
www.linomail.de

Suchmaschine speziell für Kinder: www.blinde-kuh.de

Links für Kinder

www.geo.de/geolino: *Umwelt, Natur, Technik*

www.hausarbeiten.de: *Archiv für Schüler*

www.jugend-debattiert.ghst.de: *Foren und Informationen um Kinder und Politik*

www.kika.de: *Kinderkanal*

www.kinderforum.org: *Chats für Kids*

www.kinderlexikon.de: *Wissenswertes von Kids für Kids*

www.loewenzahn.de: *Experimente, Bastelideen*

www.radijojo.de: *Kinderhörprogramm von 6–21 Uhr*

www.sowieso.de: *Online-Zeitung für Jugendliche;*

www.wissen.de: *Schulwissen,Länderlexikon*

Links für Eltern

www.familienhandbuch.de *(Hilfestellung in allen Erziehungsfragen)*

www.family-line.de *(Portal für Familienthemen)*

www.fitfuerdiezukunft.de
Website der Autoren zum Buch mit weiteren praktischen Tipps und Links

Register

Impressum

Redaktionsleitung
Ulrich Ehrlenspiel
Redaktion
Reinhard Brendli
Lektorat
Ina Raki

Fotos
Bundes-Familienministerium: S. 38; Imagebank: vordere Umschlagseite; Jörg Löhr: S. 139; Monika Murphy-Witt: hintere Umschlagklappe (oben); Petra Stamer-Brandt: hintere Umschlagklappe (unten)

Layout
independent Medien-Design (Cover: Karin Drexler, Innenseiten und Illustrationen: Claudia Fillmann)
Herstellung
Susanne Mühldorfer
Satz und Repro
Uhl + Massopust, Aalen
Druck und Bindung
Druckhaus Kaufmann, Lahr

Umwelthinweis
Dieses Buch wurde auf chlorfrei gebleichtem Papier gedruckt. Um Rohstoffe zu sparen, haben wir auf Folienverpackung verzichtet.

ISBN 3-7742-6167-9
Auflage 5. 4. 3. 2. 1.
Jahr 08 07 06 05 04

Wichtiger Hinweis

Die Gedanken, Methoden und Anregungen in diesem Buch stellen die Meinung beziehungsweise Erfahrung der Verfasser dar. Sie wurden von den Autoren nach bestem Wissen erstellt und mit größtmöglicher Sorgfalt geprüft. Dennoch können nur Sie selbst entscheiden, ob die hier geäußerten Vorschläge und Ansichten auf Ihre eigene Lebenssituation übertragbar und für Sie beziehungsweise Ihr Kind passend und hilfreich sind.
Weder Autoren noch Verlag können für eventuelle Nachteile oder Schäden, die aus den im Buch gegebenen praktischen Hinweisen resultieren, eine Haftung übernehmen.

GRÄFE UND UNZER VERLAG
Redaktion Partnerschaft & Familie
Postfach 86 03 25
81630 München
Fax: 089/41981-113
E-Mail: leserservice@graefe-und-unzer.de

GRÄFE UND UNZER

Ein Unternehmen der
GANSKE VERLAGSGRUPPE